创新之星

智慧点亮人生 汗水浇铸未来

安徽省“双创之星”事迹选编

上册

本书编写组◎编

安徽师范大学出版社
·芜湖·

责任编辑:吴毛顺　孔令清　祝凤霞　王一澜
责任校对:李　玲　舒贵波　何章艳　辛新新
装帧设计:陈　爽
责任印制:郭行洲

图书在版编目(CIP)数据

智慧点亮人生　汗水浇铸未来：安徽省"双创之星"事迹选编：全2册/《智慧点亮人生　汗水浇铸未来：安徽省"双创之星"事迹选编》编写组编.—芜湖：安徽师范大学出版社，2015.8

ISBN 978-7-5676-2170-1

Ⅰ.①智…　Ⅱ.①智…　Ⅲ.①青年先进人物-先进事迹-安徽省-现代　Ⅳ.①D432.62

中国版本图书馆CIP数据核字(2015)第186764号

智慧点亮人生　汗水浇铸未来：
安徽省"双创之星"事迹选编(全二册)
本书编写组　编

出版发行:安徽师范大学出版社
　　　　芜湖市九华南路189号安徽师范大学花津校区　　邮政编码:241002
网　　址:http://www.ahnupress.com/
发 行 部:0553-3883578　5910327　5910310(传真)　　E-mail:asdcbsfxb@126.com
印　　刷:安徽芜湖新华印务有限责任公司
版　　次:2015年8月第1版
印　　次:2015年8月第1次印刷
规　　格:710 mm × 1000 mm　1/16
印　　张:23
字　　数:437千
书　　号:ISBN 978-7-5676-2170-1
定　　价:59.80元(全二册)

出版说明

《智慧点亮人生　汗水浇铸未来——安徽省“双创之星”事迹选编（全二册）》是安徽省教育厅组织编写的一部介绍安徽省大学生创新创业典型事迹的书籍。

为保留作品原貌，本书出版过程中除对个别文字、标点符号作必要的技术处理外，对原文不作较大的修改，本书文稿排序按照安徽高教网所提供的序号进行。

由于时间仓促，水平有限，编辑过程中难免存有疏漏，敬请读者、作者及时告知本社，以便我们重版重印时修改。

安徽师范大学出版社

2015年8月

序

习近平总书记在致2013年全球创业周中国站活动组委会的贺信中指出：“青年是国家和民族的希望，创新是社会进步的灵魂，创业是推动经济社会发展、改善民生的重要途径。青年学生富有想象力和创造力，是创新创业的有生力量。希望广大青年学生把自己的人生追求同国家发展进步、人民伟大实践紧密结合起来，刻苦学习，脚踏实地，锐意进取，在创新创业中展示才华、服务社会。”李克强总理也一再强调：“推进大众创业、万众创新，是发展的动力之源，是富民之道、公平之计、强国之策，是稳增长、扩就业、激发亿万群众智慧和创造力，促进社会纵向流动、公平正义的重大举措。”

近年来，安徽省坚持项目带动、激励引导，大众创业、万众创新热潮所孕育的能量已露端倪，一批批创新创业的年轻人勇立潮头，演绎一个又一个精彩传奇。为表彰创新创业典型，安徽省教育厅在全省高等学校和职业学校的在校学生和毕业不久的毕业生中，开展“创新之星”和“创业之星”评选表彰工作，共评选表彰200余名。他们中有的在科学探索和技术发明中取得显著成绩，展示出极具潜力的创新才华；有的大胆开展自主创业，具备了一定的规模，显现出良好的发展势头；有的已在工作岗位取得创造性工作实绩，获得了显著的社会效益与经济效益，甚至成为某一领域的优秀代表。

我们将“双创之星”中的部分典型案例选编出版，目的就是要通过典型事迹的教育引导、经验分享，推动高等教育和职业教育深化人才培养模式改革，鼓励创新创业，让更多的“双创之星”活跃在经济社会改革和发展的大潮中。

诚然，提高学生创新创业能力，绝不是通过评选几个“之星”就能够达到的。我们今天所存在的问题仍然是突出的，面临的任务仍然是艰巨的。如何适应创新驱动发展战略和产业结构转型升级的需要，培养更具创造力的青年人才；如何面对越来越多的多样化青年学生，培养他们创业就业的综合能力，是各级各类学校必须深刻思考的改革课题。我们再也不能延续那种刻板的教育教学方式，培养那些千人一面的人才。要按照习近平总书记提出的要求那样，把学生培养成创新创业的有生力量。

通过阅研本书编辑的典型案例，不难发现，这些创新创业的典型代表，未必是学习成绩最优异突出的，未必是学校表现最中规中矩的。但他们都有一个共同的特点，那就是他们始终具有一颗“不安分”的心。这颗“不安分”的心激发了他们的想象力和创造力，激发了他们敢于想象、善于创造的勇气和才气。我不禁想到陶行知先生所说的那段名言：“在现状下，尤须进行六大解放，把学习的基本自由还给学生：解放他的头脑，使他能想；解放他的双手，使他能干；解放他的眼睛，使他能看；解放他的嘴，使他能谈；解放他的空间，使他能到大自然大社会中去取得丰富的学问；解放他的时间，不把功课表填满，给他一些空闲时间消化所学，并且学一点他自己渴望要学的学问，干一点他自己高兴干的事情。”也许，通过这六大解放，才能让更多“不安分”的心跳动起来。但是，做到这六大解放，并不意味着校长、教师都可以作壁上观，放任不管，而是对现行的教育教学观念最艰难的转变，对人才培养方法最艰巨的重塑。

最后，再次引用陶行知的一句话，与广大教育工作者共勉。让我们的校园“处处是创造之地，天天是创造之时，人人是创造之人”。

是为序。

目　录

阿拉法特·阿地力

中国科学技术大学

阿拉法特·阿地力，男，1992年生，中国科学技术大学化学与材料科学学院化学物理系有机化学专业2012级本科生。2015年在大学生创新计划大赛中被评为优秀，并获得了去哈尔滨工业大学参加创新计划年会的机会。

阿拉法特·阿地力热衷于科研，大一下学期就加入了龚流柱老师实验室，投入到科研当中。在龚流柱老师和韩志勇老师的精心指导下，他以第一作者或者参与作者身份在ASC，Wiley，RSC收录的国外期刊上发表了4篇论文。目前，他的科研工作还在继续。

由于天然产物有一些特殊的生物活性，很多天然产物在医疗上作为药物使用。但是天然产物在生物体内的含量极少，很多昂贵的天然产物必须通过化学方法合成。在这个背景下，他和几个研究生一起攻克了天然产物（+）-Gliocladin C 的全合成问题，得到了高产率的对映选择性天然产物。2013年，阿拉法特·阿地力以第三作者在 *Chemistry - A European Journal*（Wiley，二区，IF=5.731，SCI收录）上发表论文 *Enantioselective Organocatalytic Construction of Hexahydropyrroloindole by Means of a-Alkylation of Aldehydes Leading to the Total Synthesis of*（+）*-Gliocladin C*。在本文中，他利用一种新的合成方法，联合使用小分子有机催化剂，高产率高对映选择性地构建了天然产物的骨架，并在这个骨架的基础上构建了天然产物。

他在课余时间也不断地看文献，研究相关的反应，对金属钯催化的烯丙基化反应产生了浓厚的兴趣。2013年，阿拉法特·阿地力以第三作者在 *Journal of the American Chemical Society*（ACS，一区，IF=12.113，SCI收录）上发表论文 *Pd-Catalyzed Asymmetric Allylic Alkylation of Pyrazol-5-ones with Allylic*

Alcohols: the Role of the Chiral Phosphoric Acid in C – O Bond Cleavage and Stereocontrol。在这个工作中他们联合钯配合物和磷酸，解决了活化以及断裂C – O化学键的问题。产物对映选择性由钯配合物以及手性磷酸控制，从而以很高的对映性和更好的产率得到了相应的产物。

有机合成方法很多时候是解决一些有应用价值化合物合成的基础。有些化合物看似简单，但是有很高的应用价值，可以作为药物或者存在潜在的药物价值。在这个背景下，2015年，他以第二作者在《中国化学》上发表了论文 *A Highly Enantioselective Mannich-Type Reaction of Glycine Schiff Base Catalyzed by a Cinchoninium Salt*。在这个工作中，他们以奎宁为手性骨架，阳离子为相转移催化剂，以亲核试剂进攻亚胺，从而构建了特殊的潜在氨基酸骨架。值得一提的是，这个反应的对映选择性和产率都非常高。而且作为潜在的氨基酸骨架，产物水解就可以得到比较少的特殊氨基酸，进而转化为一些有用的化合物，从而发挥自己的作用。

有些化合物是已经在临床上使用的药物，如EPC2407。此类药物在临床上作为抗癌药物使用，而且某一个单一的对映异构体的活性比另一个高很多。目前没有报道过不对称合成此类药物，而是先合成消旋体再利用手性柱子拆分。这种方法比较费时，而且用手性制备柱拆分成本很高。在此背景下，他在龚流柱老师和韩志勇老师的指导下投入到此类药物的不对称合成研究中，并以第一作者在 *Organic & Biomolecular Chemistry*（RSC， 二区， IF=3.562，SCI收录）上发表论文。在这个工作中，他以天然奎宁为催化剂，丙二腈对邻亚甲基醌酮共轭加成而环化，得到了4 – 氢–2 – 氨基–3 – 氰基色烯，也就是药物C2407的结构，具有很高的对映选择性和产率，得到了单一对映异构体。虽然期刊的IF因子不高，但是此论文短短半年内被多次引用，而且得到了其他学者的好评。

唐晓鹏

中国科学技术大学

唐晓鹏，男，1993年生，中国科学技术大学信息科学技术学院自动化专业2011级本科生。曾获北美大学生数学建模竞赛三等奖、安徽省第六届“挑战杯·中国联通”大学生课外学术科技作品竞赛特等奖。学习成绩优异，获得2014年度国家奖学金，2015年被评为安徽省优秀毕业生。

唐晓鹏于2015年3月进入陈宗海教授实验室进行本科毕业设计，在陈老师的悉心指导下，以第一作者在工程技术类顶级期刊*Journal of Power Sources*上发表高水平研究论文1篇，且相关工作仍在进行，并拟发表论文于*Applied Energy*等工程技术类顶级期刊上。

随着全球能源消耗的加剧和环境污染问题的日益严重，关于新能源汽车的研究与应用问题已成为各国探索的焦点。锂离子电池是电动汽车极具吸引力的能源存储装置，由于其具有比能量大、循环寿命长、自放电率小、无记忆效应和低污染等特点，已经成为当今能量存储领域的研究热点。然而，锂离子电池的充放电反应复杂、非线性强且电动汽车实际运行环境恶劣，其安全性、稳定性和一致性等问题一直是制约锂离子电池在汽车应用中的关键问题。动力电池组是电动汽车的重要组成部分，电动汽车电池组通常由成百上千节电池单体串并联而成。如果在电池使用中，出现了过充、过放等问题，会造成严重的安全事故。电池状态通常包括电池的荷电状态（SOC）、健康状态（SOH）、能量状态（SOE）、功率状态（SOP）等，它们会受到电压、电流、温度、湿度以及使用时间等因素的影响。其中，在电池单次充放电过程中，SOC表示电池当前剩余电量与总容量之比，且通常将电池的SOC作为首要考虑因素。准确估计SOC对于电动汽车剩余行驶里程的实时估计以及充放电控制和优化管理均有着重要的作用。在此背景下，唐晓鹏结合实验室以往的工作，提出了一种双回路拓扑的SOC估计器，同时实现了SOC与漂移电流的在线估计。在不涉及矩阵计算的前提下，采用低复杂度算法，在初始SOC未知的情况下，使其估计精度达到2.5%，远优于国家规定的8%。该文章于2015年7月被*Journal of Power Sources*（中科院SCI分区：1区，Top期刊；IF=6.217）录用。

随着材料科学的不断发展，许多轻质、大挠度的材料结构得到广泛的应用。相比于刚性结构，挠性材料的功能性强但振动明显。传统的基于压电的主动振动控制方法响应快、精度高，但作用力过小，且压电材料容易断裂，因此对低频段大幅度的振动抑制性能较差。唐晓鹏作为负责人，与张迪、李志刚在王永教授的指导下参与了大学生创新创业训练计划项目（项目名称：柔性梁的绳系法振动抑制技术研究与实现）。在该项目中，他们创新性地采用了电机带动拉绳的方法实现了对柔性梁低频振动的主动控制，并且采用了有弹性拉绳的单边控制，设计了对模型参数基本不敏感的分段纯比例控制器与二阶线性自抗扰控制器，实现了对柔性板材振动的控制。硬件实验结果表明，所设计的控制器能够在3倍系统振动周期内完成对系统振动的抑制，所设计的算法结构简单，易于在嵌入式平台实现。项目现已结题，鉴定等级为优。

此外，唐晓鹏还撰写过多篇论文，申请了多个专利。如在谢兴生老师的指导下撰写了论文《利用集成HC-SR04模块设计对射式测距系统》，该论文所述的测距系统被成功应用到了大学生机器人竞赛中；在陈宗海教授指导下，撰写专利《一种心脏起搏器振动供能系统》，该专利作为2015安徽省“挑战杯”竞赛的重要支撑材料，获得该项竞赛的特等奖。

王佳慧

中国科学技术大学

王佳慧，女，1993年生，中国科学技术大学物理学院物理学专业2012级本科生。2015年获中国科学技术大学物理学院大学生物理实验竞赛特等奖，以及安徽省大学生课外学术科技作品竞赛特等奖，并晋级国赛。

入学伊始，她便坚信大学是决定自己人生的最关键阶段，而牢固的专业知识则是未来创新实践的基石。做最好的自己，做自己的英雄。为了追求知识的广度与深度，她耐得住寂寞，整日与图书馆相伴。坚定的执行力使她的数理化和计算机基础扎实牢固，广泛的阅读增加了她的思维深度，为其以后的创新实践带来了深厚的影响。

“将物理学知识应用于科技创新”是她一直以来的梦想。

大一时，出于对机器人的浓厚兴趣，她与另外4名同学组队参加了中国科学技术大学机器人大赛。在主题为“家用机器狗”的大赛中，其团队突发奇想，设计制作了“天狗”。“天狗”为一四轴飞行器，并安装监控摄像头，为家庭安全保驾护航。经过一个暑假从无到有的学习与努力，“天狗”终于腾空而起。虽然在比赛中由于单片机烧毁没有拿到最佳名次，但这次和伙伴们从突发奇想的设计到最终目标的实现，极大地锻炼了她的创新实践能力。

大二时，她加入中国科学技术大学徐宁老师领导的软物质物理实验室，与另一位同学一起申请了题为“胶体体系集体行为的实验研究”的国家大学生创新性实验计划。这是她第一次真正意义上的科研实践。实验初期，在没有人指导、实验条件简陋的情况下，他们一遍遍实验，一次次失败。但是，他们并没有放弃，在阅读大量相关文献以及利用暑期实践到中科院物理所进行相关实习后，他们最终成功构建了二维胶体系统，获得了导师的好评。在进一步的工作中，他们将构建如细菌等的二维体系，并利用计算机进行追踪、模拟等。

在知识和能力的积累过程中，王佳慧于大三下学期与4名同学组成热解石墨小组进行大学物理研究性实验。经过一系列的文献调研工作后，他们确定了以“光控磁悬浮热解石墨”为题目的创新研究实验。经过两个学期的努力，他们在经历了重重困难后，完成了对实验的设计，提出了独特的理论解释。这一课题被学校推荐参加安徽省“挑战杯”大赛，并获得特等奖。但他们的实验过程绝不像那美丽简洁的结果一样看上去那么简单。从光源的选择、磁场的设计、石墨片的精心挑选，到理论的推导、计算机模拟，每一步都要经过无数次检测，每一步都充满了挑战，每一步都蕴含着创新。

由于三年来在校的优异表现，王佳慧在2015年大三暑假被选派参加美国加州理工大学的暑期科研实习活动，在世界一流的实验室参与中子偶极矩测量工作。

“红专并进，理实交融。”她说：“在今后的日子里，我将秉持校训，攀登科学的高峰，我相信我的青春会因奋斗与创新而精彩。”

徐金伟

中国科学技术大学

徐金伟，男，1994年生，中国科学技术大学物理学院凝聚态物理专业2012级本科生。在校期间品学兼优，获得多项奖学金。2014年8月，代表中国科学技术大学参加中国大学生物理学术竞赛，并荣获个人一等奖和团队二等奖。2014年12月，获得大学生物理探究性实验竞赛特等奖。2015年6月，以个人作品参加安徽省“挑战杯”决赛并获得特等奖。

徐金伟学习成绩在中国科学技术大学物理学院名列前茅。他不仅学习勤奋刻苦，还非常热心学生工作，在校期间被评选为优秀团干。徐金伟除了将服务同学视为己任，更是尽其所能为学校争光。在校期间，他多次代表学校参加省级、国家级学科竞赛，并获得多项奖项。

在校期间，徐金伟除了在课业学习中有着出色的表现外，在科研上也遥遥领先于其他本科生。从大一入校，他就进入实验室开始积累科研经验，学习在课本中学不到的知识。大一寒假，他就以第一发明人身份申请了一项发明专利。该发明创新性地采用射频感应放电等离子体来干燥食品，在节约能耗的同时提升了品质。从大二开始，徐金伟加入了微尺度国家实验室曾杰教授研究组，从事纳米材料领域相关的研究。他和另外一名博士生一起从事拓扑绝缘体纳米晶体的合成，并发明了一种新颖的合成方法，可以同时获得三种新奇构形的拓扑绝缘体纳米晶体，对晶体生长以及拓扑绝缘体领域都有着很大的应用价值。该成果发表在国际期刊*Nano Research*上，徐金伟与另外一名博士生为该篇文章的共同第一作者。此外，他基于一种独立发明的适用于纳米材料的电极制作工艺，大大降低了纳米材料器件的制作成本。他将该项技术与自组装技术相结合，其创新性设计大大降低了成本，且性能优异，对纳米材料光电探测器的产业化起到了推动作用。该成果获得了2015年安徽省“挑战杯”决赛特等奖。

对于未来，徐金伟打算继续深造攻读材料学博士学位。在能源日益缺乏的今天，他希望能够通过自己所学，将纳米材料应用在清洁能源领域，为人类社会的发展以及祖国科研事业作出贡献。

张义飞

中国科学技术大学

张义飞，男，1992年生，中国科学技术大学信息科学技术学院电子通信工程专业2014级硕士研究生。2012年获安徽省第七届大学生电子设计竞赛一等奖，2013年获中国科学技术大学本科生最高荣誉——郭沫若奖学金，2015年获第六届“挑战杯”安徽省大学生课外学术作品竞赛特等奖。已申请“一种便携式超声成像设备及系统”和“基于智能鞋实现运动健康管理和运动习惯分析的系统”2项国家发明专利。

张义飞学习刻苦认真、成绩优异，努力打好理论基础。本科期间，在中国科学技术大学激烈的学业竞争中，他在电子科学与技术系2010级本科班中总成绩名列第一。

他还积极参加各项科技实践项目和竞赛，理论与实践交融，开拓创新，取得了优异成绩。

2012年9月，张义飞作为团队队长，参加安徽省第七届大学生电子设计竞赛，用四天三夜的时间，设计制作数控稳压电源，荣获一等奖。2013年9月，他作为团队队长，参加全国大学生电子设计竞赛，先是用四天三夜的时间设计制作“红外光通信装置”，然后又参加了7小时封闭式综合测评和在南京大学举办的全国决赛测试，最终获全国一等奖、安徽省最高荣誉奖“威师杯”。

2013年10月至2014年4月，张义飞参加TI DSP及嵌入式大奖赛，设计制作便携式超声成像系统，通过初赛后赴厦门大学参加全国决赛，最终获全国二等奖（TOP 10%）。在对系统进行改进后，2015年他申请了“一种便携式超声成像设备及系统”国家发明专利。2015年4月至6月，参加第六届“挑战杯”安徽省大学生课外学术作品竞赛，以作品“低成本便携式超声成像系统”获特等奖。

2014年5月至7月，张义飞参加中美青年创客大赛，设计制作触觉导航臂环，联合同济大学和美国斯坦福大学同学组成的团队参加上海赛区（华东地区）预选赛，获优胜奖（前5名），晋级决赛，随后在决赛中获二等奖。

此外，2012年5月至2014年5月，张义飞作为国家大学生创新创业训练计划“基于纳米传感器的极微弱电流放大器”项目负责人，设计并实现一套能有效检测pA级别微弱电流和光信号的板级电路系统，获评为校优A^+。2014年3月至6月的毕业设计，他设计实现了智能鞋垫——基于多传感器的行为感知系统，获评为校优A^+。在对系统进行改进后，2015年他申请了“基于智能鞋实现运动健康管理和运动习惯分析的系统”国家发明专利。

张义飞长期担任学生干部，努力服务老师和同学，回报社会。

自2012年5月以来，他担任中国科学技术大学信息科学实验教学中心综合创新平台助管，负责实验室日常管理、元器件购置等工作，每年指导信息科技英才班同学进行“信息英才班电子/程序设计竞赛”，并组织电子设计竞赛的项目培训。经过多年的实践，目前该项目已经正式成为《电子设计实践》创新实践类课程。

自2014年8月以来，张义飞一直担任中国科学技术大学信息科学技术学院2014级本科3班助理班主任，协助班主任管理班级。2010—2014年，他先后担任地球与空间科学技术学院学生会副主席，校思源爱心社副社长、社长，班级学习委员等职务，期间努力服务同学和老师，积极组织并参与各项志愿服务。2014年9月至2015年6月，担任信息科学技术学院研究生会主席，主持信息学院研究生会工作，带领的信息学院研究生会被评为校优秀院研究生会。2014年、2015年连续两年被评为中国科学技术大学校优秀学生干部。

总结以往，在老师和同学的帮助下，张义飞在学习、科技创新实践、校园工作等各方面取得了优异的成绩。2014年他被评为中国科学技术大学校优秀毕业生、安徽省普通高等学校品学兼优毕业生。

展望未来，中华民族又一次站在了崛起复兴的关键节点。张义飞说：“作为当代大学生，我要努力学习知识，锻炼实践技能，创造新的产品和技术，进而创立科技企业，在党的领导下，通过科技创新创业助力中国发展和腾飞，实现中华民族的伟大复兴。”

刘开阳

合肥工业大学

刘开阳，女，1989年生，合肥工业大学管理学院会计专业2014级硕士研究生。现任专业党支部书记、管理学院2012级学生辅导员。刘开阳在校期间品学兼优，曾获校优秀学生三等奖学金、管理学院中国联合管理奖学金、合肥工业大学“博爱”科技创新与创业奖学金等；2015年4月获合肥工业大学“斛兵青年英才奖”二等奖学金；2015年7月获合肥工业大学研究生一等奖学金；2015年7月被评为第五届“安徽省创新创意创业电子商务挑战赛”优秀指导教师；2015年6月被评为“安徽省双百科普创意大赛”优秀指导教师。

她学习上从不懈怠，认真学习专业知识。她担任班级团支部书记期间，秉着为同学服务的宗旨，无论是生活、学习、工作各个方面的问题，都能及时关注，尽力解决，得到班级同学的好评，并带领班级先后获得校“先进团支部”“五四红旗团支部”称号。她曾担任校社团联合会副主席、管理学院科技与创新协会顾问、管理学院学生会副主席，在校园这个大家庭中贡献了自己的应有之力。在忙于社团及班级工作的同时，为了获取更多的专业知识，她跨专业参加了“全国高校创新创意创业电子商务挑战赛”；为了培养自己的创新能力，她参加了大学生创新性实验项目、“挑战杯”、国际企业管理挑战赛（GMC）、“光华杯”全国高校企业竞争模拟挑战赛、全国大学生管理决策模拟大赛、中国青年创业大赛等科技实践活动；为了增强适应社会的能力，她勇于挑战、不畏困难，参加了“管理学院赴甘肃临夏州开展暑期社会实践活动”。

2012年7月至2014年7月，刘开阳担任合肥工业大学管理学院2012级学生辅导员，任职期间，她爱岗敬业，工作认真。

2014年9月，刘开阳考上了合肥工业大学管理学院会计专业研究生，继续担任辅导员，同时担任专业党支部书记。

志存高远、信念坚定，她具有较高的思想境界、道德修养和政治素质。作为一名优秀大学生，她时刻意识到自己肩上担负的重任和社会赋予的历史使命，始终以端正品行、立志高远为个人成长成才的根本。

在自身思想道德提升方面，她认真学习马克思列宁主义、毛泽东思想、邓小平理论和“三个代表”重要思想。以理论知识来武装自己，关心国家大事。刘开阳坚持积极向上的人生态度，热爱祖国，拥护中国共产党的领导，在高中时，就主动递交了入党申请书。为期三个月的党校学习，她主动和优秀模范素质标兵沟通与交流，学习他们的思想认识，使自己觉悟上有了很大的转变与提高，成为了一名思想进步的积极分子。进入大学以来，刘开阳积极参加校、院组织的各项思想教育会议和理论学习课程，如大学生党校入党积极分子培训班、斛兵塘学生骨干培训班、优秀素质标兵培训班等。学习过程中，她勤于思考，态度端正，课上认真听讲，课后积极讨论，按时递交思想汇报和成长小结，及时向老师反馈学习心得。

刘开阳在思想上积极上进，学习工作上向素质标兵看齐，生活上严格要求自己，不断加深对党的认识。时刻本着“全心全意为同学群众服务”的宗旨，使自己不仅在思想上入党，在行动上也积极主动地向党组织靠拢。

在同学交往中，她热情真挚、团结友爱，竭尽全力为同学排忧解难。身为班级团支部书记，在保持自身思想进步的同时，她积极关注同学们思想上的动态，主动和大家一起学习中国特色社会主义理论，了解我国国情，坚定为实现中华民族伟大复兴的远大理想和信念。生活中，她关心贫困同学，主动联系校勤工助学中心，为班级同学提供兼职平台，为他们排忧解难，解决生活难题。与此同时，她还积极了解社会新闻，努力奉献社会，在第四届全国体育大会活动中，组织班级同学参加志愿者的选拔，最终班级有三名同学获此机会，并在服务过程中，展现了工大学生的风貌，获得市领导的好评，为校争得了荣誉。

在实践中她诚实守信，严于律己，并热爱关心身边的人，尊敬师长，团结同学。

刘开阳在思想境界、道德修养和政治素质等方面的不懈努力，得到了领导、老师的充分肯定和广大同学的一致认可。

作为一名优秀大学生和大学生素质标兵，学习是最根本的任务。刘开阳在学习上态度端正，目的明确，刻苦钻研，勇于创新，坚持不懈。

2008—2009学年，她在德、智、体综合测评中获得合肥工业大学三等奖学金、校“三好学生”称号。因为在科技创新与创业方面的突出表现，于2009年10月及2010年1月分别获得管理学院中国联合管理奖学金和合肥工业大学“博爱”科技创新与创业奖学金。

她认为，学习不应该局限于书本上的知识，学习知识是为了应用知识，若是只关注于书本而忽略实践，那学到的知识又有何用?“实践是检验真理的唯一标准”，如今激烈的社会竞争告诉她，新时代的大学生将会是祖国未来的栋梁，更应该不断地丰富自身的综合能力，提高综合素质，增强自我竞争优势。她深刻地明白，牢固的知识是成功的坚实后盾和保证，没有知识就无从谈起运用知识。

在老师、同学的帮助及个人努力下，她取得了优异的成绩，综合素质有了很大提高。同时她也明白，面对社会这所没有围墙的大学，要不断地完善自己，不断地充实自己，充分发挥自己的优点，正视和克服自己的缺点，争取在激烈的社会竞争中不断取得进步和成功。只有把握住今天，才能在今后的学习、工作和生活中，不断完善自我，提高自己，创造出新的辉煌。

加强创新意识，提高创新能力。机会是留给有准备的人的，所以要时刻武装自己，充实自己，等待机会的来临。

2008年11月，她参加了CSM流通大师营运挑战对抗亚洲赛区总决赛，一路坎坷，历经挑战，最终她所在的团队取得了第三名的好成绩；2009年3月，先后参加“光华杯”全国高校企业竞争模拟挑战赛安徽省总决赛及全国总决赛，分别获得省一等奖和全国三等奖；2010年5月，再一次回到了“光华杯”的战场中，一路过关斩将，代表安徽省赴广州参加总决赛，获得全国亚军。2009年5月，她所在的团队参加全国大学生管理决策模拟（商道）大赛，赴内蒙古大学参加全国总决赛，获得二等奖的好成绩。2009年10月，激烈的国际企业管理挑战赛（GMC）开始了，她再一次参与其中。2009年12月，她参加教育部主办的首届全国高校“创意　创新　创业”电子商务挑战赛，在安徽省获得特等奖，并代表学校赴杭州参加全国总决赛，最终取得全国一等奖的好成绩，再次为校争光。

2009年4月，她和几个同学由于怀着同样的兴趣、同样的追求，开始了创业之路，成立了“最印堂”，策划了基金项目“DIY商品个性化及商品网络人性化发展”商业计划书，并参加校“高科杯”创业计划竞赛，获得了三等奖。

作为一名参与者与策划者，她与团队成员相互配合，相互支持，一路走到今天，她为自己曾有过这样的经历而感到骄傲。她说：“想想自己从刚入大学时的懵懂到今天的有所知、有所悟、有所收获，除了自己的努力之外，也离不开学校给我们了这样一个平台，让我们有机会去展现自己、完善自己，让我们去发展、去超越、去圆梦。”

现在的“最印堂”还在摸索中前进着，就像它的主人们正努力地为自己的未来拼搏一样。

走进社会，在实践中锻炼。为了培养社会实践能力，从大一开始，她不错过任何一次接近社会、走出校园的机会。第一次锻炼是在大一暑假，她跟随老师去内蒙古参加比赛，第一次走出这么远，第一次面对这么多高校学生，在和他们交流中，了解不同的校园气息、不同校园环境下学生发展状况。接着，又去浙江、广东等地参加其他赛事，每次的经历都会给她不一样的成长、不同的进步。在安徽举办的全国第四届体育大会上，她以一名志愿者的身份参与其中，服务他人，让他人的需求得到最大限度的满足，那一刻，她真的觉得很幸福，也在那一刻，她才觉得别人的满意与满足会令自己如此快乐。

2010年10月22日，工大管理学院举办了管理科学与工程学会2010年年会暨第八届中国管理科学与工程论坛。作为一名管理学院的学生，她再一次以一名志愿者的身份融入其中。有了前一次的经历，这次的工作游刃有余。在这次服务过程中，她接触到很多高校老师，在和他们的交流过程中，了解了其他高校的办学理念及各学科发展前景。“经历这次年会，我才知道，管理学院一路走来，真的历尽艰辛，我也为自己能学习生活在这样一个集体中而感到无比骄傲和自豪”，她感慨地说。

“面对生活，每个人的心态是不一样的，但我选择乐观面对。但凡遇到困难与挫折，我都告诫自己，这是生活给我的考验，人生中的‘必需品’。如果选择退缩，那我将一事无成。也正是这种乐观积极的生活态度，让我身边有很多朋友，很多关心我的老师、同学。我们在一起学习生活，很开心、很快乐。”

刘开阳通过自己的不懈努力和全面发展，在广大同学中树立了较高的声誉与威信，起到了突出的榜样示范带头作用。

成绩属于过去，奋斗成就未来。刘开阳说：“只有通过自己的不懈努力，才能取得更大的进步！我将更加努力鞭策自己，努力奋斗，继续前进，今天我以工大为荣，明天我会通过自己的不懈努力，让工大以我为荣！”

宰 玉

合肥工业大学

宰玉，女，1993年生，合肥工业大学机械与汽车工程学院车辆工程专业2011级本科生。2011年8月，获得合肥工业大学“新生入学奖”；2012年11月，获得合肥工业大学“三好学生”称号、一等奖学金；2013年11月，获得合肥工业大学“三好学生”称号、二等奖学金；2014年11月，获得合肥工业大学“优秀团员”称号、二等奖学金。

2011年8月进入合肥工业大学后，她一直严格要求自己，努力提高自己的思想政治素质，因表现突出获得“优秀团员”称号，并于2012年入选班级第一批入党积极分子，成功通过考察，成为一名中国共产党党员。

在书本之外，她也热心于各种创新实践活动。她参与了合肥工业大学方程式赛车团队的建设，带领团队取得了一定的成绩。

合肥工业大学方程式赛车团队成员需要在一年的时间内，独立自主地设计、加工、制作、装配出两辆方程式赛车——燃油车和电动车，参与国内外大学生方程式汽车大赛。

团队管理模式是学生自我管理、自我发展，院校老师在必要的时候给予团队一定的指导与帮助，这种模式给了团队极大的发展空间，有利于团队创新，提高各项综合素质。

团队的建设目标就是发扬艰苦奋斗、钻研创新的精神，攻坚克难，让合肥工业大学的方程式赛车不断超越自己，向国际先进水平迈进。

团队近期所获奖项：

2014年7月，团队研发完成第二代电动方程式赛车，代表中国参加了英国大学生方程式汽车大赛，是亚洲唯一一支通过了严格的电气、机械车检并且完成比赛的队伍，最终在和100多支优秀队伍的竞争中，获得了比赛第二十八名、亚洲第四名的好成绩。

2014年7月，在邓小平诞辰110周年之际，共青团中央、全国青联、全国学联、全国少工委在北京人民大会堂举行了第九届“中国青少年科技创新奖”颁奖大会，会上公布了全国首批100个大学生“小平科技创新团队”。团队获得首批“小平科技创新团队”称号，这是全国高校大学生科技创新团队的最高荣誉之一。

2014年10月，团队参与“中国大学生方程式赛车大赛”，取得了国内电车组第四名的好成绩，并获得了2014中国大学生方程式汽车大赛突出贡献奖、2014易车传统媒体传播奖、2014FSC大陆集团“爱拼才会赢”三等奖等奖项。

2015年5月4日，团队获合肥工业大学“五四红旗团支部”荣誉称号。

2015年5月，团队获校“青年文明号”荣誉称号。

团队近期成果：

2014年，成功举办“昆仑润滑油杯”2014FSC校园行暨云电车队二代车新车发布会和油车越影五代新车发布会，此次发布会受到了十几家媒体的广泛关注。

2014年，方程式赛车团队成员参加全国大学生卡丁车赛上海站比赛，获第三名。

2014年，成功举办“东风启辰杯”赛车嘉年华活动，通过游戏的方式将赛车文化深入人心，吸引了大量学生参加本次活动。

2014年10月，团队赛车代表机械与汽车工程学院在校运会开幕式上领队，在全校师生面前展示团队赛车成果与风采。

2015年4月，团队受邀参加校科技文化节，吸引了校内同学们的目光，积极为同学们解说，向同学们普及赛车文化。

2015年3月5日，德国Fachhochschule Stralsund大学校长来我校访问时，在校领导的陪同下参观了车辆实验室和方程式团队的两辆赛车，与团队成员就赛车的研制与开发进行了友好的交流，校长最后热情邀请团队成员赴德与他们学校进行交流学习。

社会影响力：

2014年9月30日，团队受赞助商邀请在馥邦集团举办的汽车嘉年华活动启动仪式上举行车展，吸引了大量的群众参观，大大扩大了团队的社会影响力。

2015年元旦，团队受《合肥晚报》的邀请，参加了合肥元旦大型车展，吸引了大批参展商和社会人士参观。

2015年5月22日方程式赛车团队受邀参加“无锡工业博览会”，本次博览会代表了国内的最先进工业成果。

合肥工业大学方程式赛车团队数次被《科技日报》《光明日报》、新华网安徽频道、人民网安徽频道、《新安晚报》《合肥日报》《安徽日报》《安徽商报》《市场星报》《江淮晨报》、中安在线、万家热线、合肥电视台故事休闲频道、合肥电视台故事财经频道、安徽交通广播等媒体报道，另外《合肥工大报》、合肥工业大学校园网、合肥工业大学新闻文化网等校内媒体也多次进行报道。

在团队全体队员的努力下，团队招揽20余家企业赞助，主要有江淮汽车股份有限公司、巨一集团有限公司、华霆动力有限公司、馥邦D1卡丁车馆、安徽依立腾工贸有限公司、腾百运动休闲广场、中国青少年科技创新奖励基金、德国大陆轮胎有限公司、科创快速模具技术发展有限公司、讯龙型材折弯（合肥）有限公司、东莞市艺欣实业有限公司、宁波市澳美珂工贸有限公司、法国Motul润滑油公司、易车公司、汽车人关爱基金、合肥中凡网络科技有限公司、小拇指（中国）连锁机构等。

曾　童

合肥工业大学

曾童，男，1993年生，合肥工业大学马克思主义学院思想政治教育专业2012级本科生。荣获安徽省第六届“挑战杯·中国联通”大学生课外学术科技作品竞赛特等奖、合肥工业大学第十四届“合力杯”大学生科技作品竞赛一等奖、“激扬青春，执行天下”全国大学生社会实践二等奖、安徽省暑期社会实践优秀调研报告一等奖，被评为“井冈情·中国梦”全国大学生暑期实践季第一期培训班（总第212期）优秀学员、合肥工业大学优秀学生干部。现任创新高校优秀学生理论社团和“省青年文明号”合肥工业大学中国特色社会主义理论研究会秘书处副秘书长、马克思主义学院本科生团总支书记。

敦学笃志，知行合一；学思结合，务实创新。曾童一直秉承这样的理念，参与众多比赛，取得骄人成绩。2015年5月，作为课题申报人，带领团队一举斩获安徽省第六届“挑战杯·中国联通”大学生课外学术科技作品竞赛特等奖，获得相关领导的高度评价，并被推荐参加大学生“挑战杯”全国赛。

书海中追寻真理。大一以来，曾童平均每周阅读书籍3本左右，整个学年，他读书超过150本，积累了丰富的专业知识，开拓了广阔的思想维度。同时，作为思想政治专业读书会会长，他定期举行各类读书交流活动，在交流中，与同学、老师交换读书心得，通过头脑风暴的浸染，将知识内化，并碰撞出思想的火花，带来创新的灵感。

广泛的阅读和思想的碰撞给予了他一定的知识积累，也使他形成了善于思考、善于发问、善于总结、善于创新的习惯。在知识中探求真理，在书海中潜心修业。

实践中探究问题。在学习和读书之余，曾童也是一名志愿者。服务于行，志愿于心。在为听障儿童带去欢乐的同时，他注重观察，在实践中发现问题，认为志愿服务活动不能只是图“有爱心”，还要用“好”心。因此，他申请了校级课题“合肥市听障儿童的社会救助体系调查研究”，课题结束后将调查结果送寄服务机构，与服务机构老师一起探寻更为深入的问题。这一次尝试，使他有了继续探索和求新的动力。

2013年7月，他参与全国重点团队“我的中国梦”理论宣讲服务团，赴安徽定远开展社会实践。团队以勤工俭学节省的5 000余元经费，为老区贫困学子捐赠50多套书包文具，受到人民网、中国文明网、中国老区网等连续报道。尤其是2013年第8期《中国共青团》杂志，重点推荐全国三家代表性“三下乡”实践团队，其首篇以《理想信念在心中扎根》为题，集中报道了该团队的典型事迹。实践团队相继获全国大学生社会实践二等奖、省级调研课题一等奖和优秀团队。

2014年7月，作为团队副领队，组织参与“三下乡”社会实践国家重点团队“社会主义核心价值观宣讲服务团”，以“红色精神下的当代青年社会主义核心价值观培育和践行”为选题，正式由团中央和“井冈山革命传统教育基地”遴选为“井冈情 · 中国梦”暑期实践季首期入选团队，并获全额资助。7月中旬，团队继续赶赴安徽金寨县进行理论宣讲，先后获评学校优秀基地和示范基地，进而获评安徽省优秀团队、调研课题一等奖，全国大学生社会实践优秀实践团队和团队二等奖，人民网进行了相关报道。无论是在井冈山还是在北京林业大学的决赛现场，曾童都是团队主讲人，充分展示了其综合能力。

除此之外，曾童还多次参加校级暑期“三下乡”社会实践活动，获优秀DV作品一等奖，优秀调查报告、优秀摄影二等奖等。

创新中成就梦想。曾童同学倡导学思结合，务实创新。实践在路上，创新在实践上，把专业理论知识融入到社会实践中，在社会实践中不断进行科研创新。

2014年5月，曾童主持申报获批国家级创新实验计划项目“90后大学生考公务员热现象透视”，从90后大学生当前的职业价值观和公务员职业的社会优势两方面透视大学生“考公务员热”的成因，探寻相关化解之策，目前正在进行中。

2014年10月，又参与申报了中国科协研究生科普创新项目“社区科普教育的理念与成功模式研究”，现已结项。

2015年3月，曾童以《当代大学生社会主义核心价值观培育和践行机制探究——基于全国28所高校的实证调查》为主题，旨在探索培育和践行社会主义核心价值观有效形式和长效机制，获评校第十四届“合力杯”大学生科技作品竞赛一等奖。5月，参加安徽省第六届“挑战杯·中国联通”大学生课外学术科技作品竞赛，荣获特等奖，并在现场展示中受到省政府和共青团安徽省委领导的高度评价，并被推荐参加大学生“挑战杯”全国赛。

“挑战杯”比赛从着手开始到目前为止已经历时一年之久。几千份数据统计分析，近百次反复修改，让创新的道路既坎坷又充满了期待。每改完一稿，都能获得新的收获，都能带来新的体验。科研创新不仅要有新的观点，更要有敢于自我否定的精神，在辩证否定中完善与发展。

在檀江林老师带领下，他参与了多次科研实践，撰写的论文《当代大学生实践教育与国情教育的耦合——基于合肥工业大学实践》，入选“高校德育文库”；《中国文化概论》为省十二五规划教材；完成的《当代大学生对中国传统节日文化认同现状的调查》，作为安徽省大学生思想动态研究中心的报告（编号：2015003）正式提交省教工委和团省委等职能部门。

通过几年创新历程，曾童终于领悟到创新永远需要灵动的观点，梦想需要闪动的火花。在求知求真的路上，坚持理论与实践的互补与连动，知行合一，创新追梦。

刘新歌

合肥工业大学

刘新歌，女，1991年生，合肥工业大学医学工程学院制药工程系制药工程专业2014级研究生。2012、2013年连续两年获校三等奖学金；2012年获合肥工业大学创业大赛三等奖；2013年获全国制药工程设计大赛一等奖；2014年获合肥工业大学“优秀毕业生”称号；2014年获合肥工业大学王正虎创业管理奖学金、合肥工业大学研究生入学二等奖学金；2015年获合肥工业大学研究生一等奖学金。

刘新歌是一个积极向上、勇于创新，坚持用行动诠释“厚德、笃学、崇实、尚新”的平凡大学生；一名不断进取、执着追求，将挥洒的汗水献给他人的学生干部；一位充满信心、励志服务社会、爱党爱国的优秀青年。

科研学习，不求最好，但求问心无愧。都说“父母是孩子的第一任老师”，从小父母就教育她：“路是靠自己走出来的。”她深知父母对她的深切期望，下定决心好好学习，梦想着自己脱颖而出的那一天。

因为有着这样的目标，她从不放松自己的科研学习，时刻提醒自己大学里必须博学而广识，无论是专业课学习，还是科研实验都不曾懈怠。她说：“我深知我不是最好的那一个，但我一定要做最努力的那一个，凡事都要问心无愧。”

天道酬勤，2014年，她以优异的成绩被保送本校研究生，攻读硕士学位，目前论文、专利送审各1篇。本科期间，荣获校三等奖学金3次，王正虎创业管理奖学金1次；硕士期间，荣获校一等奖、二等奖各1次。

创新实验：2012年，作为队长，她主动联系专业老师，沟通同学，参加了“非离子型活性剂改性机制砂”的创新实验；2013年，积极参加了“双酶协同定向制备药用右旋糖酐及其应用”的创新实验；同年，作为组织者，参加了“白藜芦醇氰乙酰胺类化合物的合成及活性评价”的创新实验。不同研究方向的实验、不同的角色参与，她力求在各个领域全方位地提升自我，开拓创新，检验课程学习成果的同时，注重培养自己的创新意识和创新思维。

“邦立杯”创业大赛：2012年，对任何事情都充满好奇心、充满热情的她，作为组织者参加了校“邦立杯”创业大赛，3个女孩子组成一个小团队，没有任何人的指导，各自发挥特长，单枪匹马闯入决赛，并取得校三等奖的好成绩。大赛的获奖，让她明白“一切皆有可能”的道理，看到了“创新”的魅力所在。

全国大学生制药工程设计大赛：2013年，当听到“全国大学生制药工程设计大赛”这个赛事的时候，她毅然决然地参加了。大赛中，她主要负责题目解析、GMP认证、工艺流程资料的搜集与整理、冻干车间的平面布置设计、设备摆放、空调等辅助系统资料搜集等工作。通过此次大赛，团队不仅熟悉掌握了专业课程知识，而且锻炼了队员的动手实践能力、创新意识和合作沟通能力，这段艰辛而充实的经历她将终生难忘。

自2010年9月入学起，她先后参加了学生会、学风检查组、学生资助服务中心以及研究生会，分别担任办公室主任、副总经理和主席等主要职务。这些经历让她不断地成熟，不断地完善自我。在勤工俭学的同时，她学会了如何分配自己工作和学习的时间，开发了自己的组织、管理和策划方面的潜力，锻炼了人际交往的能力，也为今后的工作生活打下了坚实的基础。她自豪地说：“我坚信，一个人的潜力其实是很大的，只要敢想、敢做，没有什么是不能实现的！”

经历属于过去，荣誉并不代表未来，“创新”是一种精神，更是一种行动，重在持之以恒，重在切身行动。近期，作为团队负责人，她参加了“互联网+”——大学生创新创业大赛，用实际行动来展现创新思维，为创业做准备！

“梦想还是要有的，万一实现了呢？”她相信，在不久的将来，凭借自己的努力，她一定会实现自己的梦想，为社会的进步贡献自己的一份力量！她说：“一个人要获得成功，必须拿出勇气，敢于创新、拼搏、奋斗。路漫漫其修远兮，吾将上下而求索！”

张梦圆

合肥工业大学

张梦圆，女，1993年生，合肥工业大学机械与汽车工程学院热能与动力工程专业2011级本科生。2012年获得合肥工业大学二等奖学金；2013年获得合肥工业大学文艺活动奖学金；2014年获得合肥工业大学二等奖学金、校级“三好学生”称号；2015年获得合肥工业大学研究生会社会实践三等奖、第六届“挑战杯·中国联通”安徽省大学生课外学术科技作品竞赛特等奖、第十四届“合力杯”大学生课外学术科技作品竞赛特等奖。

随着国民经济的不断发展，我国的电梯保有量近年来不断增长，目前已经达到300多万台。不论是在办公楼、高层住宅小区、大型商场还是地铁内，随处可见电梯的使用，电梯已经成为民众日常生活中不可缺少的设施。然而庞大的数量以及频繁的使用，使与电梯有关的安全事故不可避免地发生，尤其是近两年来事故发生数量有上升趋势。这些事故的发生大部分是由于电梯长期运行产生的机械故障造成的。因此，对电梯的安全维护以及定期检测十分必要，这关系民众的生命财产安全。

电梯限速器作为电梯中最关键的安全保障部件发挥着重要的作用。当电梯超速下降时，电梯限速器便立即启动安全保护机制，带动安全钳动作使电梯滞停或减速，从而避免发生事故，因此对电梯限速器的检测非常重要。在这一背景下，团队的国家级大学生创新项目将研究方向对准了电梯限速器检测仪的开发应用。

目前市场上用于检测电梯限速器的产品主要分为两类，一类是基于PC机的传统电梯限速器检测仪，它主要是在实验室中进行，一般用于限速器的出厂检测，检测精度虽然很高，但由于必须专门将限速器拆卸下来送到实验室检测，因此耗时长效率低。另一类是目前应用广泛的便携式电梯限速器检测仪，它的特点是采用滚轮接触测速，容易打滑，受人为操作的因素很大，精度低，并且需二人配合操作，由一个人手握驱动装置对限速器轮盘进行驱动，另一人手握测速装置进行测速，测速效率不高。这类限速器检测仪的接插件多，可靠性无法保证。

针对上述情况，团队提出了一种基于AT89系列单片机的手提式电梯限速器检测仪，该检测仪主要由电源变换模块和测控系统模块组成。单片机控制伺服电机驱动被测电梯限速器的轮盘，通过霍尔开关检测限速器轮盘的转速，结合轮盘的节圆直径即可计算出轿厢移动的速度。限速器的电气动作速度和机械动作速度分别通过电气开关和机械限位来捕捉。所研制的检测仪主要用来测量两个速度：一个是电气动作速度，另一个是机械动作速度。这两个速度均为限速器轮盘节圆的线速度。当单片机控制交流伺服电机不断加速时，限速器轮盘的转速逐渐升高，最终布置在限速器轮盘上用弹簧连接的甩块因离心力作用，使得吸附在限速器轮盘支架上的常闭触点开关断开连接，单片机收到触点断开的信号后便锁定此时限速器轮盘节圆的线速度，此速度即为限速器的电气动作速度值；限速器轮盘继续加速旋转，直至被机械限位机构卡死，单片机再次锁定限速器轮盘被卡死之前的最大节圆线速度，此速度即为限速器的机械动作速度值。

团队作品的科学性和创新性十分突出，它涵盖了机械、电子、传感与控制技术，包括：电子设备结构设计、电磁抗干扰设计、数字电机控制与驱动、速度测量硬件电路设计、数据采集、数字滤波、测控系统人—机界面设计、汇编软件设计等。它适应于动作速度在0.5～15m/s的各种电梯限速器，测速误差不超过1%，满足GB7588-2003的相关要求，加速度不超过0.01m/s^2，满足《电梯制造与安装安全规范》中有关限速器特性检查的描述——“应以尽可能低的加速度来达到限速器的动作速度，以便消除惯性的影响”。

相对于目前市场上同类型的电梯限速器检测仪，团队设计的电梯限速器检测仪竞争优势明显。它主要将轮盘驱动装置、单片机控制系统、信号检测系统、键盘和显示系统等集成在一个手持式的操作盒中，机电部件高度集成，接插件少，可靠性高，整机便于携带。加速平稳，采用霍尔传感器进行非接触式测量，精度高，抗干扰能力强。操作快捷，对于同类型检测仪，检测时只需按一个键。检索“将限速器轮盘驱动装置、单片机控制系统、信号检测系统、键盘和显示系统等集成在一个手持式的操作盒中”“采用霍尔传感器进行非接触式测量”“对于同类型检测仪，检测时只需按一个键”，在所查文献中未见类似报道。

此外团队作品实用性能十分突出，它适用于技术监督局、特种设备检测院、商检局、电梯安装公司、小区物业等单位对电梯限速器的现场测试，同时也适用于电梯及限速器生产厂家的在线使用。资料显示，截至2014年底，我国电梯的保有量已经突破350万台，可见本产品的市场前景十分广阔。本产品市场售价约8 000元，生产成本不超过2 500元，经济效益十分可观。

团队的国家级大学生创新项目历时两年，这期间收获颇多。首先，团队研制了一套电梯限速器检测仪样机；其次，团队已于2014年6月在中文核心期刊《微型机与应用》（2014年第11期：P94–96）上发表了论文《基于AT89系列单片机的手提式电梯限速器测试仪》，目前正在申请发明专利。

团队作品不仅在第十四届“合力杯”大学生课外学术科技作品竞赛中获得特等奖的优异成绩，随后还代表学校参加了2015年6月举行的第六届“挑战杯·中国联通”安徽省大学生课外学术科技作品竞赛，在比赛中与全省几百件作品同场竞技，经过层层选拔最终闯入决赛。在决赛现场通过现场PPT演示、回答评委提问、现场实物演示等环节的考验，最终获得了第六届“挑战杯·中国联通”安徽省大学生课外学术科技作品竞赛特等奖的优异成绩。

她说：“回顾这段时光，团队经历了寻找课题和项目申请以及接下来的自学相关的专业知识，收集分析资料，确定实验原理，实施方案与寻找创新点等过程。尽管这个项目实施的过程漫长而艰难，中间掺杂着辛苦、迷茫和喜悦，但正是这些带给我成长，使得我受益良多。它让我在感受到实践带来的充实和成就感时，激发了我对科研的兴趣以及实际操作能力的培养。在自学过程中，我的专业知识得到很大丰富，思维方式得以扩展，同时让我在思考问题时，学会以多角度、多方面以及用相互关联的观点去解决问题。我也从以前对于科研的一无所知到如今可以熟练掌握一个项目开发的各个流程。通过这一创新实践活动，我不仅感受到了科研带来的乐趣，更重要的是，我的独立思考能力、实际操作能力以及团队协作能力都得到了锻炼。而这一阶段的努力也让我明白：一切要从小事做起，从点滴做起，做事情一定要有耐心和责任心，培养坚持不懈、勤于思考、积极总结的可贵精神。”

吴 秘

安徽大学

吴秘，女，1992年生，安徽大学化学化工学院高分子材料与工程专业2011级本科生。2012年获得国家奖学金；2013年获得校级“三好学生”称号、国家励志奖学金；2014年获得宝钢优秀学生奖、国家励志奖学金、安徽大学学术科技一等奖；2015年获得安徽大学品学兼优毕业生、第六届“挑战杯·中国联通”安徽省大学生课外学术科技作品竞赛特等奖。

2012年10月进入李士阔老师实验室学习，团队其他成员于2013年加入实验室。在李老师的悉心指导下，他们在*ACS Applied Materials & Interface*，*Journal of Materials Chemistry A* 等国外期刊发表研究论文3篇，相关工作仍在进行，相关高质量研究成果会陆续发表。

在当前能源与环境问题日益突出的大背景下，寻找清洁可持续新能源替代传统化石能源正受到人们越来越多的关注。氢能作为一种二次能源，具有燃烧热值高、清洁高效等诸多优点，已被认为是一种理想的无污染绿色能源。基于当前能源与环境问题日益突出，团队致力于设计结构新颖的半导体纳米电极材料，并将其应用于光电化学水解制氢。

2014年7月，她以第三作者身份在期刊*Applied Surface Science*（JCR二区，IF= 7.44，SCI收录）上发表文章*Large-scale and Green Synthesis of Octahedral Flower-like Cupric Oxide Nanocrystals with Enhanced Photochemical Properties*（2014，315: 169-177）。在本文中，团队发现了一种制备光电极的方法，利用两相界面处分子自组装的原理，选择DMF和$CHCl_3$作为组装试剂，将合成的CuO纳米晶滴到$CHCl_3$表面，在溶剂分子的作用下，CuO纳米晶转移到FTO表面，并以此为电极测试CuO纳米晶的光电化学性质。这部分工作受到了审稿专家的高度认可。在*ACS Applied Materials & Interfaces*（JCR 一区，IF= 6.723，SCI 收录）上发表文章*In Situ Growth of Matchlike ZnO/Au Plasmonic Heterostructure for Enhanced Photoelectrochemical Water Splitting*（2014，6：15052-15060）。在本文中，团队通过水热反应体系，在Zn箔基底上原位合成了ZnO纳米棒阵列。然后以此纳米棒阵列为基底，通过光还原反应在ZnO纳米棒顶端原位沉积Au纳米颗粒，形成了火柴状ZnO/Au异质纳米阵列。由于反应过程中没有引入任何表面修饰剂及还原剂，因此ZnO与Au的接触界面是清洁的，这有助于电子的传递与转移。由于Au的SPR效应，该异质纳米阵列体现了增强的可见光吸收特性，其光解水效率可以达到0.48%。这部分研究成果引起了国内外同行的广泛关注。

2014年11月，以团队成员朱胜为第一作者在期刊*Journal of Material Chemistry A*（JCR 一区，IF= 7.44，SCI 收录）上发表文章*Self-assembled Three-dimensional Hierarchical Graphene Hybrid Hydrogels with Ultrathin β-MnO₂ Nanobelts for High Performance Supercapacitors*（2015，3：1540-1548）。在文中，团队利用水热法一步合成了长度约为10m、宽度为20nm、厚度为1.2nm的超薄MnO_2纳米带。由于纳米带具有较大的比表面积和电子传导的各向异性，因此基于MnO_2纳米带的电极材料体现了优越的电化学性质。团队于2014年开始参加“挑战杯”大学生课外学术科技作品竞赛，一路过关斩将，在第六届“挑战杯·中国联通”安徽省大学生课外学术科技作品竞赛中获得特等奖。

同时，团队成员在大学生科研训练计划中也取得了很好的成绩。葛美红、陈炜健同学在李士阔老师的指导下参与了大学生创新创业训练计划项目（项目名称：基于可见光响应的新型纳米管阵列的光电性质研究；项目编号：201410357145），项目已结项，鉴定等级为合格。朱胜同学在李士阔老师的指导下参与了大学生科研训练计划项目（项目名称：磁性高分子复合微球的设计合成及在生物分子富集中的作用；项目编号：KYXL2013016），项目已结项，鉴定等级为优秀。

何天宇

安徽大学

何天宇，男，1994年生，安徽大学电子工程学院电子信息工程专业2011级本科生。2014年获得安徽大学“十佳团员”称号；2012—2014年获得“三好学生标兵”称号；2012—2014年获得优秀学生奖学金；2014年获得“挑战杯”（创青春）安徽省大学生创业大赛银奖、“挑战杯”（创青春）全国大学生创业大赛移动互联专项铜奖；2015年获得“挑战杯”安徽省大学生课外学术科技作品竞赛特等奖等。

下得苦功夫，求得真学问。知识是树立核心价值观的重要基础。在学习上，他从来不肯放松一丝一毫，始终保持一丝不苟的学习态度和刻苦钻研的求学精神。他不断扩展自己的知识面，提高自己的能力，以适应现代社会发展的需要。大学近三年以来，总成绩在170人的班级中排名第三，加权平均分90分以上。大一暑假，他组建了“赴芜湖调查公共自行车使用状况暑期社会实践考察团”，活动受到了芜湖电视台、《大江晚报》、芜湖新闻网的报道，个人也荣获安徽大学“暑期社会实践先进个人”称号。

刚入学不久，怀揣对学生工作的憧憬，他积极参加班级班委竞选，并成功当选宣传委员一职。由于出色表现，下学期兼任了班级团支部副书记。

对团学工作的热爱也让他焕发出了更多活力。大学二年级，由学生会普通干事直接当选学生会副主席一职，同时兼任团学新闻中心首任主任一职。

大学三年级，经过全院的票选，他作为代表参加共青团安徽大学第十四次代表大会，并投出了庄严的一票。

团学工作带给他的经历和成长加深了他对现实的思考，他说：“我相信，唯有慎思明辨，才能做到稳重自持。我要做‘明辨先锋’”。

《礼记》中说："博学之，审问之，慎思之，明辨之，笃行之。"笃行，看似离成功只有一步之遥，其背后却要付出难以想象的汗水。

如今社会就业压力较大，仅仅掌握专业理论知识远远不够，社会需求也对就业者的专业实践能力提出了更高的要求。大学一年级，他作为工作人员参加安徽大学2012年学生评奖评优颁奖典礼暨获奖学生代表交流会。现场一个又一个优秀学生的典型事迹令他感触很深。大多数学生代表不仅一个方面特别突出，在其他方面也是出类拔萃。当时的他暗自给自己定了目标：不仅专业课要好，实践能力更要强。

纸上得来终觉浅，绝知此事要躬行。大学二年级，通过对物联网产业发展的了解和思考，他对"智能家居"产生了较大兴趣。查阅资料后，他了解到"智能家居"行业市场潜力巨大，而目前市场的现状是缺乏统一的行业标准和规范。本着学习的态度，他组织团队以"智能家居"作为出发点参加了校"挑战杯"创业计划大赛。

做了就要尽全力，为了完善项目，团队经常熬夜至凌晨。团队不断提出新的思路，不断推翻之前的想法，在创新的基础上再创新，最终进入省赛，在2014年"挑战杯"（创青春）安徽省大学生创业大赛中获银奖，并在2014年"挑战杯"（创青春）全国大学生创业大赛中获移动互联专项铜奖。大一暑假起，他便同团队成员一起，跟随韦穗教授开展关于轮廓识别方向的学习，并同团队开展以"一种灵巧鲁棒的自动识别闸机设备（Automatic Recognition-Gate Machine，ARGM）"为内容的深入研究学习。

该设备在现有闸机的基础上加以改进，通过若干个主动传感器采集人体轮廓信息，采用基于稀疏表示的轮廓识别算法实现对目标的自动识别。他在该项目中参与主要软件框架、算法等的研究工作。作为一名本科生，在没有学完本科教学内容的前提下，前沿的理论学习有着相当大的难度，但他抱着充实自己的态度，一步步攻克难关，最终实现了项目要求，也同团队一起申报了大学生创新创业训练项目，并成功获批国家级大学生创新项目。2015年5月，团队在第六届"挑战杯"全国大学生课外学术科技作品竞赛中荣获安徽省特等奖，并成功晋级全国赛。

在实现项目基本要求后，通过对作品进行不断改进优化，增强作品的功能和可靠性，他也在此基础上申请了发明专利、实用新型专利各一项，获批软件著作权一项。

大学近三年以来，他一直将实验室作为第二寝室。为培养动手能力，他积极参加各项竞赛，诸如无线电测向比赛等。大学二年级暑假，他留校参加了电子设计大赛培训，并动手完成多项电子作品。2015年6月，在“毕昇杯”全国大学生电子创新设计竞赛中，获得了三等奖的成绩。

林腾飞

安徽大学

林腾飞，男，1993年生，安徽大学商学院物流管理专业2012级本科生。2013年获得安徽大学优秀学生奖学金、校级“三好学生”；2014年获得全国高校商业精英挑战赛物流管理竞赛一等奖。

从参加安徽大学“凌达杯”物流设计大赛开始，团队成员就一起“共事”了。他还给团队起了一个响亮的名字“I Genius”，义为“我是天才，”不是自大，而是希望团队能像天才一样做得很好，尽管他们不是天才，但是他们尽自己最大的努力做到最好。自信是他们的名片，团结是他们的力量，创新是他们的追求。从刚开始的无知到明确自己的方向，从开始的矛盾重重到后来的默契合作……I Genius一步一步成长起来。

项目是基于“凌达杯”物流设计大赛的课题，一方面源于梁老师的鼓励，另一方面，团队希望能更加深入地了解设计方案，弥补团队在比赛中并未深入考虑问题的遗憾。2013年12月，在立项之前，梁老师就指导他们准备大学生创新训练项目的申请，老师鼓励他们继续完善自己的比赛作品，进行深入的探究。于是，他们在原先思路的基础上，继续深入，准备好项目的申请以及对项目进行规划，在课余时间联系企业，对企业进行深入调研，对调研发现的问题归纳总结。遇到不懂的问题积极咨询老师，到图书馆查阅资料，对原先的想法进行完善，并自觉地去学习与项目有关的知识（比如：仓储管理方面的知识，软件开发与应用方面的知识，对于设计周转箱有帮助的绘图软件AutoCAD、Sketchup、Photoshop）。通过前期的准备以及对新知识的学习，团队开始着手准备容积可变周转箱的设计与周转箱实用新型专利的申请。虽然过程并不像想象中的那么顺利，但团队3人齐心协力加上老师的指导，终于克服了重重困难。

团队的课题是“基于WM优化的容积可变周转箱研究与设计”，选择这个课题是由于在“凌达杯”物流设计大赛的案例中提到，在备件计量库有些零件较小，装满不了一个周转箱，结果浪费了大量的空间；而有些零件较大，一个周转箱又装不下一个零件，使得这些零件只能摆放在仓库的一角，不利于仓库的目视化管理。综合以上两点，并且考虑这是大多数制造业的通病，团队就提出设计容积可变的周转箱，通过周转箱的拼接与分割来提高周转箱的利用率。顾名思义，通过利用插板插入周转箱来分割一个周转箱的空间；通过两个周转箱的拼接来扩大周转箱的空间，这样就解决了零件摆放的问题。当然，随着信息技术的发展，仓储管理也必须改变传统的人工管理，利用信息技术来管理仓库。所以，团队希望能够在仓储管理系统的基础上利用该周转箱。通过调查以及查阅相关资料，他了解到智能手机的发展越来越迅速，而且4G网络也开始慢慢普及，近期李克强总理还提倡降网费，这说明以后的网络成本将会大大降低。团队的设想是将手机端与PC端结合的仓储管理系统，将二维码应用到仓储管理系统，改进仓库的收发、盘货流程，实现仓库的无纸化管理，提高仓储管理的效率。最终，发表了2篇与项目相关的论文以及申请了实用新型专利，项目评审结果为优秀。

作为项目的负责人，虽然在项目申请之初，他已经做了一些工作，但是这还远远不够，申请过程并没有他们想象中的那么容易。在项目获批后，他们难掩内心的激动。因为此次项目主题寄托了他们太多的希望和梦想。作为队长，为了使项目能够按照团队的计划进行，他必须做好时间安排，以及分配好团队成员的任务。虽然可能和申报书上的时间安排不太一致，但终究还是按照团队的计划稳健地推进。在整个过程中，作为队长他也承受了巨大的压力，一方面担心各种原因而不能按时结项；另一方面担心自己的能力不足，不能带领团队成员很好地完成项目。事实上，团队成员的默契配合打消了他的顾虑，虽然起初有些大大小小的矛盾，但是经过长期的合作与磨合，大家越来越有默契，有时他的要求只需要简单的描述，其他成员就可以很快懂得他的意思，高效地完成好任务。

在完成项目的过程中，虽然充满了艰辛，但是团队每个人的收获都是巨大的，因为很多时候他们有很多东西不懂，但是为了将项目做到尽善尽美，他们必须“强迫”自己不断地学习，不断地吸收新的知识，那时，他才真正地了解到学无止境的真正含义。比如，团队的项目课题是周转箱的设计，谈到设计就必须要有设计图，虽然当初由于自身兴趣而学了Sketchup，但是那毕竟只是画了一个草图，为了完成好设计图，他又自学了AutoCAD。

一年多来，他说首先要感谢梁老师的悉心指导。她对于团队的作品提供了很多建设性的意见和建议。在他们迷茫的时候，梁老师总会鼓励他们，鼓励他们大胆地去做。即使没成功也没什么，继续改善作品，最差的结果也就是重新再来。因为梁老师的指导，他们更加有信心；因为梁老师的指导，他们更加细心；因为梁老师的指导，他们完成得更加出色。

一年多来，他说要感谢他的队友们，是他们让他明白了团队的重要性，是他们让他懂得了如何与人合作。对于队友，他很感谢他们处处包容，是他们让他知道了什么是一个富有凝聚力、富有激情的团队；是他们教会了他什么是相互包容、相互谅解的团队；是他们教会了他什么是敢打敢拼、积极进取的团队。

江　红

安徽师范大学

江红，女，1990年生，安徽师范大学化学与材料科学学院分析化学专业2013级硕士研究生，曾在*Chem Comm*，*Biosensors. Bioelectronics*，*Analytical Methods*等期刊发表论文多篇（SCI收录），并申请多项国家专利。

研二生活即将过去，在研一、研二两年里，她不懈努力，刻苦钻研，目前已有论文在线发表于*Chem Comm*，*Biosensors. Bioelectronics*和*Analytical Methods*，影响因子分别为6.7，6.4，1.9。目前还有1篇在投稿中，这篇“二维二氧化锰纳米片的制备及其作为多功能平台在DNA基传感器中的应用”论文在2015年安徽师范大学研究生科研创新工作中被评为化学与材料科学学院唯一一个理工类重点实验项目。

刻苦钻研，争做科研理论难点。初来实验室就被老师、师姐们过硬的科研理论所折服。她深知：作为一名初入实验室的研一同学来说，若不能掌握大量的科学知识，搞不透每篇文章的深刻含义，不但无法与老师、师姐们谈论专业知识，发表论文更是遥不可及。她克服了专业知识缺乏，以一股不达目的不罢休的“牛劲”，努力为自己“加油充电”。由于研一既要上课又要做实验，同时还有很多琐碎事务，因此她常将文献打印，尽量将所做方向的文献看全看透，并把所吸收的文献知识加以创新，通过她自己不断地思考创新的实验，培养创新思维。有时为了弄清一个原理的过程，对照文献，她彻夜琢磨研究，不搞明白，决不撒手。有时，在实验室里做不完的事，就拿回寝室做，久而久之，她的寝室成了自己的“研究所”。功夫不负有心人，经过刻苦钻研，终于有所成就，论文先后发表在了*Chem Comm*，*Biosensors. Bioelectronics*和*Analytical Methods*上。在成绩面前，她没有丝毫的自满，她深知，虽然发表了几篇文章，但人都是在进步的，只有不断的创新，才会取得更大的进步。目前，在投的1篇文章“二维二氧化锰纳米片的制备及其作为多功能平台在DNA基传感器中的应用”在2015年度安徽师范大学研究生科研创新工作中被评为化学与材料科学学院唯一一个理工类重点实验项目。此外，她还在做新的实验，并期望这篇文章也可以取得好的成果。

勇于攻坚，破解实验难题。如果说掌握基础文献知识是她遇到的第一个难题，那么思考创新实验变成了第二个难题。她的第一个实验体系比较简单“基于DNA结构的改变检测肝素”，目前被*Analytical Methods*接受。然而对于这篇文章无论是从实验设计的创新程度还是检测的灵敏度，都不能够让她满意。因此，如何在下一个实验体系中达到优异的检测，灵敏度就成了她考虑的重点问题，在文献的书海里，循环扩大的超灵敏检测深深地吸引着她，做一个循环扩大体系的实验成了她的下一个目标。在经过两个月的文献调研后，她终于设计出了第二个循环体系的实验“利用循环扩大和纳米颗粒降低背景信号提高灵敏度的基于DNA和铽基础的生物传感器用于灵敏地检测DNA”，目前已被*Biosensors. Bioelectronics*接收。这一个小小的创新设计实验让她觉得在设计实验的过程中充满乐趣。

在做铽发光的实验中，铽的荧光图像有4个峰(490，544，585和624nm)，而如何能做出漂亮的峰形对她来说是很大的一个难题。起初峰形倾斜，并且585位置的峰值最大，这与目标峰形相差甚远。而这是她们实验室新的体系，只得自己探索，通过阅读文献以及网站查询，终于在经过无数次的探索后，做出了理想并完美的峰形，这也让她初尝实验成功带来的喜悦。此外利用细胞流式仪和激光扫描共聚焦做出流式图和共聚焦图以及合成纳米材料，对于一个学分析化学的人来说，这是一个新的领域、新的挑战，然而完成就是一份喜悦。

在完成实验之后，论文撰写便是下一个挑战，写好一篇文章不难，如何将文章写得与众不同，具有创新性，让人眼前一亮，就不容易了，这需要在众多文献当中理解并体会，形成自己独特的写法。比如，在“利用循环扩大和纳米颗粒降低背景信号提高灵敏度的基于DNA和铽基础的生物传感器用于灵敏地检测DNA”的实验体系中，通过调研文献，她们总结出自己选择的特定序列的DNA可以敏化DNA的原因，并对其敏化的原因进行了详细的探索；

在“银纳米簇基础的荧光传感器用于检测叶酸和用于细胞检测”的实验中，其中的一个亮点就是将设计的传感器用于细胞检测，解决了实验应用问题并且应用了比较先进的优化方法。

她的前几篇文章是目的性创新，就是在一步步的完善自己对实验的要求过程中，对自己提出新的创新，如何将这些经验用于下一个实验以完成更优秀的实验就成了她下一步的一大挑战。在创新实验上，第一阶段总是在集中模仿，用专利里面的话说，这是组合型的创新，而随着模仿的步伐，组合性的创新是新手的小试牛刀，独创性创新才是一名科研人员的最终目标，如何能构想出一个独创性的实验是非常有意义的。在她的第四个实验体系中，通过大量的文献调研，她们发现开发二维二氧化锰纳米片的模拟酶活性以及研究DNA结构变化对二维二氧化锰纳米片模拟酶性能的影响，将在生物化学传感器的应用中发挥巨大潜力，而前人是没有这方面研究的，这便是属于自己的独创性的实验。

研三这一年，她将继续用满腔的热忱和不怕困难的精神去继续自己的科学实验。她憧憬能够再取得好的结果。

邓　智

安徽师范大学

邓智，男，1994年生，安徽师范大学数学计算机科学学院软件工程专业2013级本科生。2015年获得第五届“蓝桥杯”全国软件设计大赛安徽赛区一等奖、安徽省“京胜杯”第五届大学生程序设计竞赛一等奖，申请“车载酒柜和汽车”以及“用于阳光采集和照射的装置”2项国家专利。

他怀揣着对软件工程专业的高涨学习热情，刻苦钻研，大学两年专业课成绩优异。在刻苦学习的同时，他更注重全面发展。因为软件工程专业是以实践为基础的学科，本着学习的心态，他从大一寒假便进行比赛准备，通过竞赛掌握了许多基础课程中没有的知识，充实了自己的大学生活。

大一上学期，在老师的鼓励下，他第一次参加了第五届“蓝桥杯”全国软件设计大赛校赛选拔赛，获得三等奖的成绩。这是他在大学以来的第一次获奖，这鼓舞了他，也让他认识到了自己还有很多知识没有掌握，使他迫不及待地想提升自己。接下来他又在安徽师范大学第五届office应用技能大赛中获得二等奖，这又一次鼓舞了他。在寒假的时候，他请教老师和学长学姐，在他们的指导和关怀下，认真准备第五届“蓝桥杯”全国软件设计大赛安徽省省赛。经过寒假和开学一两个月的准备，在第五届“蓝桥杯”全国软件设计大赛安徽省省赛中取得一等奖，这令他信心更足，之后更是获得一系列省级学科及技能竞赛的奖项。其中包括1项国际级奖项、2项国家级奖项以及6项省级奖项。除此之外，还获得市级及校级奖项数项。

每次参加比赛都使他得到很多收获，而且不同的比赛会有不同的收获。个人类比赛让他了解到国内很多同龄人的水平，促使他奋发向上；团体类比赛让他深刻地体会到团队合作的重要性，并且学会把学过的知识融会贯通。

科技创新活动，可以认为是课外活动的一部分，也可以看成学习的延伸。他是在大一下学期才接触科技创新的，教他们专业课的汪老师给了他很多指导，让他从简单的创新入门，一步一步地学习科研创新精神和方法。到目前为止，在汪老师的指导帮助下，他申请了2项实用新型专利。

除此之外，在大二下学期他还申报了国家级大学生创新创业训练计划项目，目前已经获准立项校级大学生创新创业训练计划项目。参与科研不仅仅为了科研成果，更为了在科研过程中磨炼意志，提高分析、解决问题的能力。多读书，多读专业内外的经典著作；多读文献，多看专业内有质量、高水平的文献；多思考，培养独立思考的能力，打牢自己的专业基础。

鲁 强

安徽师范大学

鲁强，男，1993年生，安徽师范大学经济管理学院经济学专业2011级本科生。2014年获安徽师范大学第三届本科生科研论文大赛一等奖、经济管理学院第一届本科生学术研究成果评比特等奖；2015年获安徽省劳动经济学第二届研究生学术论坛二等奖、安徽师范大学第十一届“师大娇子”十佳大学生提名奖。

在学术交流方面，他曾担任CSSCI（扩展版）来源期刊、中文核心期刊、RCCSE来源期刊《金融论坛》匿名审稿专家(2015—2017)，并参加中国城乡发展公共政策学术交流会、安徽财经大学劳动经济学学科建设研讨会暨安徽省劳动经济学第二届研究生学术论坛，同时荣获安徽省劳动经济学第二届研究生学术论坛二等奖（无一等奖）。2015年7月受吉林大学、中山大学、华东理工大学、海南师范大学等单位的邀请拟参加“第二届马克思主义视阈下的中国农村发展论坛”，并将携《中国农民工市民化进程测度——基于TT&DTHM模型的分析》一文在大会上发言。

以第一作者身份撰写学术论文14篇、调研报告1篇，总字数逾15万字。已发表论文7篇，拟发表论文1篇。其中《基于多重螺旋协同创新理论的DEA评价模型——以皖江城市带为例》发表于CSSCI来源、中文核心期刊、中国科技核心、RCCSE来源期刊《科技管理研究》。《农村金融排斥的区域差异与影响因素研究：理论分析和实证检验》发表于CSSCI（扩展版）来源、中文核心期刊、RCCSE来源期刊《金融论坛》。

《农村金融发展对农民收入的影响与冲击——基于VECM模型的实证研究》《农村金融进入农民收入增长研究领域的路径演化》《中国农村金融供求

体系的动态博弈研究——基于双重二元结构视角》《金融创新对我国农村金融业的影响》《基于公众责任的角度分析我国商业银行的客户关系管理体系》分别发表于《河北工业大学学报》《青岛农业大学学报》《福建行政学院学报》《安徽职业技术学院学报》《重庆电子工程职业学院学报》。

《农民工市民化问题研究综述——研究范式、现实障碍与路径趋势》拟发表于《农业经济与管理》，同时农民工市民化研究系列论文《2000—2014年农民工市民化问题研究进展——基于文献计量的分析》《群体特征、边缘化与农民工市民化路径——基于TT&DTHM模型的分析》《中国农民工市民化进程测度——基于TT&DTHM模型的分析》《中国农民工市民化影响因素分析：就业、资本与阶层等级的贡献》已进行投稿。

已发表的部分论文被山东大学、吉林大学、福建农林大学的硕士学位论文引用，中国知网上共计被引用8次，下载750余次。同时，受到来自CSSCI来源扩展版期刊《湖南农业大学学报》、中国人文社会科学核心期刊《西部论坛》、中国经济类核心期刊《当代经济》等三农领域学术期刊的邀稿。

他曾主持多项科研项目，如2013年国家级大学生创新创业训练计划项目（主持/已结项）、安徽省高等学校质量工程项目（主持/已结项）、安徽师范大学大学生创新创业训练计划项目（主持/已结项）等。

他不仅投身科研，还积极服务基层，理论结合实践，学以致用，融会贯通。大学期间在立足专业学习的同时也积极参与社会实践、志愿服务，紧贴实战，助力农业经济。

2012年9月，参加黄山烟草专卖局香烟消费调研活动，重点调研农村村民或城市农民工香烟消费情况。

2013年暑期，在中国邮政储蓄银行合肥市分行进行实地考察。在实践期间担任中国邮政储蓄银行合肥市长丰县支行大堂副理，积极拓展邮储在农村的金融服务功能，践行“邮储银行坚守农村金融服务最后一公里”的信念和决心，为实现农村普惠金融商业化的可持续发展作出贡献。后期，又深入无锡市农村金融服务网络，利用已有资源对无锡农村商业银行安镇支行高管进行访谈，服务农业经济，扎根农业经济。

汪志文

安徽师范大学

汪志文，男，1990年生，安徽师范大学物电学院电子信息工程专业2012级本科生，安徽师范大学发明创新协会会长及班级科技委员。2013年获得第八届全国电子设计大赛二等奖；2014年获得第九届全国“飞思卡尔杯”智能汽车（电磁组）竞赛二等奖，并在第九届安徽省电子设计大赛中获第一名；安徽师范大学第十一届“师大骄子”十佳大学生之一。

学习是学生的第一要务。理工科专业学习任务重，每周有50余节课。他通过合理规划时间，提高学习效率，认真学好专业知识。三年来，获得一等奖学金、国家励志奖学金、朱敬文奖学金和朱敬文特别奖学金，前五个学期的学业成绩位于全专业第二名。

读万卷书，行万里路。作为一名工科专业的学生，他注重理论学习与专业实践的结合。大学期间，他自学了《嵌入式系统》等研究生课程，查阅了大量专业文献，坚持阅读专业期刊，文献阅读量超过2 000页，这些都为他的专业实践夯实了基础。

他积极参加各类科技创新活动，荣获各级别奖项24个。他的专利“一种新型无线电能传输装置”获得校第七届专利发明大赛二等奖。作为学院的科技骨干，他牵头组建3支重点团队，在第九届全国“飞思卡尔杯”智能汽车（电磁组）竞赛中荣获二等奖，在第八届全国电子设计大赛中获二等奖，在第九届安徽省电子设计大赛中获第一名。这些都为学校、学院争得了荣誉。

比赛中，他通宵奋战，忘记了时间，忘记了疲惫，不停地研究方案、调试电路、编写代码。几个月里，他几乎每天只睡几个小时，累了就在场地上睡一会儿，困了就用凉水冲一下脸，最后他的付出得到了回报。

他还参与了企业生产一线的研发工作，在实验室成功完成了“汽车天窗安全自启系统”和“基于CAN总线的汽车纵向控制”的专利成品化验证。这两个项目50%以上的研发均由他独立完成，两项成果提高了汽车行驶的主动安全，现在正由奇瑞公司做进一步的评估和量产，计划装配在奇瑞高端车型上。

三年内，他申请了3项实用新型专利，并已授权。大二下学期，他的国家级创新性实验项目“基于无线传输的道路机动车尾气监测系统研制”顺利结题。他所参加的“挑战杯”作品获得了今年的省级一等奖。在42届校运动会上，他制作的四轴飞行器，惊艳全场。2015年他被评为第十一届“师大骄子”十佳大学生（“科技创新尖兵”称号）。

作为科技骨干，他通过自己的努力，积极引导和帮助更多同学参与到科技创新中来。

三年来，他组织科技制作培训15场，800多名同学参与学习；作为班级的科技委员，他引领2012级电子信息工程专业班营造了浓厚的科技创新氛围，迄今，全班48名同学获得22个省级以上科技创新奖项，占班级总人数的41%，全班同学申请和授权专利12件，发表论文8篇。一份份技术方案、一页页培训讲义、一段段程序、一块块电路见证了他们的成长。

他积极结合专业所学，带领同学们为居民服务。三年来，他组织家电义务维修活动18次，亲手维修家电200余件。他们的事迹被《人民日报》《大江晚报》等多家媒体报道。

很多同学问他，为什么获得了那么多的成绩，他回答道：“因为我付出了更多的时间和努力。每天，天蒙蒙亮我就起床，当同学们快要进入梦乡时，我才从实验室里走出，正是一天天的积累，才有了那么一点点的收获。”

科技是国家强盛之基，创新是民族进步之魂。他说：“作为一名当代大学生，为推进信息时代的中国科技发展而奋斗，是我们义不容辞的责任与担当。在未来的日子里，我要更加勤奋地学习、更加刻苦地实践和更加积极地行动，为“大众创业、万众创新”的时代奉献青春!”

陈独群

安徽医科大学

陈独群，男，1988年生，安徽医科大学第二临床医学院临床医学专业2008级研究生。2014年获得“硕士研究生国家奖学金”及“三好学生”荣誉称号、安徽医科大学“十佳学术新星”提名奖；在*Oncology Letters*, *International Journal of Molecular Medicine*等国外期刊（SCI收录）发表论文多篇。

研究生阶段在导师的指导下，他完成了分子生物学和临床科研训练，以第一作者或并列第一作者发表及接受SCI论文8篇，总影响因子12.97。在临床工作期间熟悉了本科室常见疾病的诊疗，还积极寻找适合临床的科研选题，收集并报道罕见病例。目前已完成了1篇脐尿管癌的SCI临床论著、2篇SCI的病例报道（分别为睾丸腺样腺瘤和肾间叶性软骨肉瘤）。通过对近20例脐尿管癌患者的病例资料汇总，追踪患者预后并进行统计学分析，发现肿瘤的大小、患者年龄、淋巴结清扫与否均不是决定患者预后的关键因素，肿瘤的TNM分期与预后相关，提升了对脐尿管癌这一罕见恶性肿瘤的认识（*Investigating urachal carcinoma for more than 15 years*）。

肾间叶性软骨肉瘤这个病例，是他在临床工作中发现的一例极其罕见的疾病，整个英文数据库的病例报道只有10例左右，而且没有一例是来自于国内的报道。他整理临床及病理资料，检阅数据库，查找文献，最终这篇题为*Primary mesenchymal chondeosarcoma with bilateral kidney invasion and calcification in renal pelvis: case report and review of the literature*的文章发表在*Oncology Letters*（影响因子1.554）上，填补了这项空白。

睾丸良性肿瘤相对较少，而其中睾丸腺样腺瘤占大多数。他通过回顾睾丸腺瘤样瘤的检查特征、解剖位置、病理特征，以及与其他良性肿瘤相互比较，提升了对睾丸良性肿瘤的认识以及处理办法（*Adenomatoid tumors of the testis: A report of two cases and review of the literature*），指导临床工作，使该部分患者免于扩大手术。

此外，他还在实验室进行了为期10个月的分子生物学科研，并参与导师的国家自然科学基金课题（No.81101922）等课题研究。他在实验室里起早摸黑，不辞劳苦，不轻言放弃，终于得到了理想的实验结果，目前已发表了5篇肾癌相关microRNA的SCI论文。

肾癌是起源于肾小管上皮的高度血管化的恶性肿瘤，约占成人恶性肿瘤的3%。肾细胞癌早期无明显症状，约30%RCC患者初次就诊时已发生转移。肾细胞癌的发生、发展涉及多个抑癌基因的失活及致癌基因的激活，其确切的发生机制有待深入研究。近年来，人们在研究肿瘤发生、发展的调控机制时发现一类长度约22个核苷酸的非编码RNA，微小RNA（miRNA，miR）通过细胞的增殖、分化、新陈代谢及凋亡在肿瘤发展复杂的调控网络中发挥着重要的作用。此外，miRNA在血清中稳定存在，是良好的分子标记物。

目前miRNA在肾细胞癌中的研究并不多，且大多局限在表达和初步的功能研究，深入的作用机制仍不明确；临床应用方面，miRNA作为早期诊断、预后判断的生物标志物的研究不多，应用于靶向治疗更是未见报道。因此，寻找新的与肾细胞癌相关的miRNA，研究其与靶基因的作用并探讨其在肾细胞癌诊断、治疗以及预后预测中的应用价值，将有助于揭示肾细胞癌的发病机制以及肾细胞癌的早期诊断、治疗和预后预测。

在基因测序筛选及数据库检索的基础上，筛选出在肾细胞癌中表达显著下调者作为后续研究对象，并用qRT-PCR检测肾细胞癌及癌旁配对正常肾组织中miRNA的表达水平。然后用肾癌细胞转染miRNA模拟物/阻断物的方法，上调/下调miRNA的表达，通过增殖、凋亡、迁移等功能试验，明确miRNA对细胞功能的影响。然后通过生物信息学预测下游靶基因，并通过蛋白实验验证，最终确定选定的miRNA在肾癌中的功能，及其可能的作用机制。

研究发现，miR-16、miR-125a、miR-429等5个miRNA在肾癌中存在差异性表达，能调节肾癌细胞的功能，并揭示了其可能的作用机制。研究成果发表在*International Journal of Molecular Medicine*，*Molecular Medicine Reports*等

SCI收录杂志上。以miR-429为例，它在肾癌中表达下调，通过信息学筛选其下游的靶基因，提示VEGF可能为其作用的靶基因。这些研究不仅为揭示肾细胞癌发生、发展的分子机制提供了理论依据，而且也为寻找新的靶向治疗的分子靶点提供了理论依据。对其进行临床应用研究，将有可能在肾细胞癌早期诊断、术后监测的难题上取得进展，具有重要的经济价值和社会价值。

此外，他还在导师的指导下独立完成了一项市厅级课题的课题设计、申请书的撰写、申请、课题答辩等全部工作，具备了独立申请课题的能力；在导师的指导下，独立完成了导师的一项广东省医学科研基金的结题工作，具备了科研课题结题的能力。

在2年的研究生阶段，优异的临床和科研表现让他每年均获得国家研究生奖学金，是安徽医科大学2008级七年制本硕连读专业唯一的两度荣获国家研究生奖学金的学生。他在安徽医科大学“十佳学术新星”的评比中荣获提名奖，他的导师来永庆博士也因此被北京大学深圳医院通报表扬，受到安徽医科大学的表彰。他曾说：“师生之情犹如鱼水，我是在导师的一步步的指导下，才走到了今天，走向明天。”

正是凭借着在科研方面的强势表现，他赢得了南京军区总医院肾脏病研究所的青睐，并通过了刘志红院士的面试。在与院士的交流中，他更坚定了留在那里勇于探索，勇于追求的决心。他表示：“在这里工作，虽然很忙很累，但是很值得。人生路上，总会走到路口，面临不同的选择，无论做了什么选择，都是一个全新别样的人生。我没有好逸恶劳，既然选择了一条崎岖的路，就只好风雨兼程，早点上路。我将以自己行动证明我的选择。”

陈章明

安徽医科大学

陈章明，男，1991年生，安徽医科大学第二临床医学院临床医学专业2010级硕士研究生。曾获安徽省第六届“大学生课外学术科技作品竞赛”特等奖，并晋级国家赛。其研究论文*Inhibition of Hepatitis B virus replication by SAMHD1*入选第八届全国大学生创新创业年会论文，并将代表学校参与大会交流发言。

大二上学期，学校给每一位本硕连读学生都安排了早期科研训练导师，陈章明与其他三人得到了基础医学院免疫教研室应松成老师的指导。初期，他并未跟随指导老师进实验室熟悉实验基本仪器操作，而是不断地阅读文献并在小组做论文报告。当时，四个人分别学习不同的方面，陈章明的任务就是熟悉SAMHD1的研究进展。刚开始，面对100多篇文献，他不知道如何有选择性地阅读，很久之后仍是对其一知半解。带着疑问，他去咨询指导老师，老师说：“要想了解某方面的研究历史及进展，最有效的方法是综合其他人的综述，并提炼出自己所要掌握的方面。”最后在应老师的指导下，他完成了*SAMHD1: a novel antiviral factor in intrinsic immunity*的综述撰写，并于2012年9月发表于*Future Microbiol*杂志上。

当大学生创新创业训练计划通知下达后，陈章明考虑到大三医学专业课沉重的学习压力，迟疑了很久。对于他来说，这是实现自己科研梦尤为宝贵的一次机会。经过应老师的指导，最终他主持申请的国家级大学生创新创业训练计划《SAMHD1抗乙肝病毒作用及其机制的研究》获得立项。

大三结束的那个暑假，陈章明初次接触实验，对实验一无所知。应老师牺牲了他宝贵的假期，演示每个分子生物学实验并传授相关实验技巧，对于陈章明的疑问也都一一解答，从不厌倦。暑假实验期间，他早起晚归，午休都变成了一种奢望。功夫不负有心人，克服了许多次失败后，陈章明终于迎来了第一个实验结果，当时的兴奋心情无以言表。

踏上科研路，就像是坐上一趟飞驰的列车，没有尽头，只有前方。大四的生活很简单：教室—食堂—实验室，当其他同学在安静的教室看书时，他只能在时而嘈杂的实验室里，利用实验中间隔的几分钟或者一小时来复习功课。付出的汗水终有回报，最终在应老师的指导下，他撰写出论文*Inhibition of Hepatitis B virus replication by SAMHD1*，并于2014年8月以共同第一作者发表在*Biochem. Biophys. Res. Commun*杂志上。该论文入选第八届全国大学生创新创业年会论文，陈章明将代表学校参与大会交流发言。与此同时，他还参与了实验室朱梦萦师姐毕业课题的部分内容，论文*ISGF3 complex is required for the induction of SAMHD1 expression by IFN-α in SMMC-7721 cells*已于2015年1月被*Molecular Medicine Reports*接受待刊。

大五时，陈章明踏上了在医院通科实习轮转之路，在此期间，可供他自由支配的时间少之又少，接下来的实验进度也是止步不前，但是他几乎每天都坚持阅读文献，了解SAMHD1的最新研究进展。随着临床工作的深入，他发现基础医学研究离不开临床。目前陈章明正在从事关于SAMHD1与Cancer相互作用的研究，希望能开拓出一片新视野。

黄 旭

安徽医科大学

黄旭，男，1989年生，安徽医科大学第二临床医学院临床医学专业2009级本科生。2014年10月于第二军医大学获第三届“全国大学生基础医学创新论坛暨实验设计大赛”全国总决赛二等奖，在《中华神经科杂志》《解剖科学进展》等核心期刊发表论文多篇。

一个优秀的团队，绝不仅是队员们在形式上的单纯组合，而是一个能够凝聚核心力量、优势互补，在挑战面前所向披靡的“敢死队”。一个优秀的团队，绝不推崇个人主义，更不会固步自封、循规蹈矩，而是一个可以在开放的环境下激发出创造灵感的“核反应堆”。一个优秀的团队，正是依靠其强大的凝聚力以及创造力，才能在全球化竞争中立于不败之地，也才能推动未来的创新发展。这个“团队”，可以小到一个兴趣小组，也可以大到一个国家，形式不同，却都在用自己的努力诠释着中国的创新之梦。

安徽医科大学对七年制临床医学专业实行“早期接触科研”训练。早在2012年，5个怀揣理想的青年便利用学校政策，积极参与到科研训练当中。也正是这样的机会，使得他们5个志同道合的年轻人走到了一起，成立了科研小组。在科研训练项目中，他们并没有将思维局限于课本知识，而是充分发挥自身优势及创新思维，在学习中不断积累经验并勤于思考、摸索新思路。2012年，通过团队的齐心协力，他们独立自主选题、设计的项目《咖啡因对大鼠神经行为学与海马形态学及神经元内γ-氨基丁酸和5-羟色胺表达的影响》在众多申报课题中脱颖而出，顺利得到基础医学院形态学中心实验室“大学生开放实验”项目的资助。

当然，科研创新并不是一件容易的事，“眼高手低”必将导致功亏一篑。

在两年多的创新之路上，他们遇到了很多困难，但团队的凝聚力总是一次次帮助他们攻坚克难。探讨创新思路、细化实施方案、联系实验室、准备实验器材、寻求技术指导、改进试验方法、分析实验数据、撰写科研论文……对于5个初出茅庐的本科生来说，举步维艰。作为队长，黄旭必须保持清醒，发挥模范带头作用，将团队凝聚在一起。共同的目标让他们5人如一只手掌的5个手指，团结一致、满腔热情，大家取长补短、默契配合，创新灵感也随之迸发光彩。经过两年多的辛勤付出，他们取得了丰硕成果：2014年，团队成功将学术论文《咖啡因对大鼠神经行为学与海马形态学及神经元内γ-氨基丁酸和5-羟色胺表达的影响》和《咖啡因对大鼠海马神经元形态学的影响》发表在国内相关领域权威杂志《中华神经科杂志》和《解剖科学进展》上。而这，只是他们放飞创新梦想的开始。

2013—2014年，团队多次代表安徽医科大学参加全国性大学生学术创新竞赛，并取得优异成绩。如：

2014年10月，团队于第二军医大学获第三届“全国大学生基础医学创新论坛暨实验设计大赛”全国总决赛二等奖，创造了我校大学生在此类全国性学术创新大赛中的最好成绩。此次大赛是展现大学生创新能力的全国性重要学术竞赛，目的在于推出一批具有实践精神和创新能力的医学人才。此次大赛由中国人民解放军第二军医大学承办，共有来自全国60所高等院校的344组参赛队伍参加。在3天10个分会场的激烈角逐中，尽管面对与北京大学、复旦医学院、第二军医大学等名校佼佼者们的对抗赛，团队成员仍不惧压力、团结一致，最终以新颖的学术作品、激情的演讲、睿智的答辩和敏锐的思维赢得了评委老师的认可，展现了我校学子的学术风采，也进一步扩大了安徽医科大学的影响力。

2013年6月，团队于安徽师范大学获第十三届“挑战杯”全国大学生课外学术科技作品大赛安徽赛区决赛二等奖。“挑战杯”被公认为中国大学生的“科技奥林匹克圣会”，是引导学生崇尚科学、追求真知、勇于探索、实践成才之路的一项权威竞赛。此次赛事有来自全省40余所高校共270余件作品参加比赛。团队在比赛过程中，精心准备、团结协作、勇于拼搏、敢于争先，展示了当代大学生朝气蓬勃的精神面貌。

首届中国“互联网+”大学生创新创业大赛，是一项重要的全国性大学生创新创业大赛。2015年7月，黄旭再次作为申请人，组织团队充分运用创新思维，将移动互联网高新技术与医学实验教学相结合，设计的创意项目“BMB——基于游戏模式的网络虚拟实验室”已完成网上参赛申报，后续工作正在紧张有序的进行当中。

当然，作为学生，学业仍是他们肩上最重要的任务之一。在专业课程学习方面，他们小组可谓名副其实的“学霸联盟”。他们5人专业排名均在年级名列前茅，连续获得国家奖学金、国家励志奖学金、张锡祺奖学金以及三好学生、优秀学生干部、优秀党员、优秀团员等荣誉称号。除了专业学习之外，他们的兴趣也很广泛，如在全国大学生英语竞赛、雅思考试、全国计算机等级考试中表现突出，并获得各类国家级证书。同时，他们还积极参与到学生会、社团等特长及社会实践活动中，如在歌唱比赛、趣味运动会中获得优异成绩。不仅如此，他们的实践能力也很强，经过严格的筛选，团队中的两人顺利入选了第五届“全国大学生临床技能大赛”安徽医科大学8人培训队，并接受了为期3个月的紧张而严格的临床实践训练，在专业技能和思维方面取得了明显的进步。

创新，是社会发展的动力。而大学生正是一个具有巨大创新潜力的群体，是开创未来的生力军。实现中国的创新之梦离不开莘莘学子的智慧与努力。黄旭说：“对于一个学生团队来说，我们稚嫩的肩膀尚且不能独挡风雨，但我们懂得，要用凝聚力在挑战面前不屈不挠，要用创造力在未来面前敢想敢当。我们坚信，创新之梦就在脚下。”

包贤强

安徽工业大学

包贤强，男，1990年生，安徽工业大学管理科学与工程学院管理科学与工程专业2012级硕士研究生。曾获2014年马鞍山市科学技术奖二等奖、教育部研究生国家奖学金、民建马鞍山企联会奖学金和安徽工业大学“科技创新之星”称号。在校学习期间，获第二届全国“TRIZ杯”大学生创新方法大赛一等奖2项，获得发明专利“一种超高碳钢二次淬火方法”1项、“爬缆机器人”等实用新型专利19项，主持安徽省研究生“千人培养计划”、教育部国家级创新创业训练计划“斜拉桥缆索检测与维护”、大学生科研训练计划“小型内燃机驱动式秸秆平模制粒机”等研究项目多项。

包贤强在2008年进入安徽工业大学机械工程学院进行学习，平时除了上课外，还经常参加一些学生会和社团活动。他看到校园中宣传高年级学长的各种竞赛及获奖消息，除了羡慕之外，更多的是对自己现状挣扎后的无奈。因为从小喜欢动手，对拆装组合各种物件充满兴趣，他经常也会有一些“光怪陆离”的想法，而这些都因中学的升学压力而有所压制，并寄希望于在大学及以后能够重新“释放”。但可惜的是，现在已经进入大学阶段，情况却并没有实质性改变。时间一天天地过去……直到有一天，他路过学校的宣传栏，其中有个海报吸引着他——暑期大学生“发明与专利”集训班，当时给他的冲击除了意外，更多的是兴奋。于是他毫不犹豫报名参加了。

那一年的暑期专利班教会了他太多的东西。授课老师从创造技法的内涵到实施，到创新思维的激发，再到创造成果的保护，深入浅出地讲解了创造性想法的产生与最终归结，让他明白可以通过何种方式去激发自己，又以何种方式去保护自己的创新成果。

此后参加学校的“每日一设想”竞赛又进一步激发了他的创新思维。竞赛强调“动脑筋，想点子”是一个积累过程，要求大家每天至少能够有一个设想，然后针对这一设想设计出简易的解决方案，并将方案记录下来。经过一段时间的积累，根据设想的数量和质量来评审出竞赛获奖者。通过竞赛，更多的是让他养成了一个“想一想，改一改”的习惯，而这种习惯也融入到了他的生活和学习当中。他说：“这可以算作我梦想的起点。我所获得的这种习惯与思考方式，正是我勇往直前的利刃。获此利刃，披荆斩棘，无往而不胜。”

大学本科和研究生期间，他积极参加了各类竞赛和科研活动。本科期间，在完成本专业知识学习的前提下，他还积极参加各类科技和社团活动：参加大学生科研训练计划（SRTP）2项，参加各类比赛并获奖15项，申请并授权实用新型专利4项、外观专利1项。他还担任学生会、社团等学生组织的主任助理、部长、副会长、团支部书记等职务，多次策划晚会、比赛，并组织创新培训班与创新活动。

进入硕士学习阶段后，他完成了相关跨专业知识的学习，参与导师、企业课题研究，参加多种课外学术活动。以第一作者申请学生课题2项，发表论文2篇，申请发明专利5项、实用新型专利10余项，各类获奖15项。

回想自己的大学生活，他表示，他过得还算丰富，各种各样的比赛、活动伴随着他，这些比赛、活动锻炼着他、陪伴着他、充实着他。

有一次参加学校的“节能减排”比赛，比赛目的是为了让学生通过社会调查，发现需求并设计出符合“节能减排，绿色能源”主题的作品，他和另一位同学组队参加了。通过调查，他们发现在种植小麦过程中，追肥是提高产量的重要步骤，而传统的施肥方式为人工撒施和人拉耧施肥。人工撒施劳动强度小，但肥料易随雨水流入河流，效率低且易造成污染；而人拉耧施肥需多人操控，劳动强度大，不适合现有农村以留守妇女和老人为主要劳动力的情况。为此，根据现状，他们设计出了滚动式高效施肥机。它可以单人操作，简单省力，并提高了施肥效率。虽然整体方案已有框架，但其中具体参数的计算与作品的制作却成了最大难题。计算过程中涉及液体肥料的输送压力、速度、压缩驱动力等的计算，虽然他们以前学过流体力学等相关知识，但与实际应用还是有较大区别。而作品的制作则更为复杂，涉及整体结构设计、每个零件的参数设计、购买材料以及作品的加工制作等方面。他和队友两人那段时间整日忙碌着，最后终于把作品完成，参加比赛并获奖。

他说："我们最大的收获并不是获奖本身，而是在为此准备的过程中所学的知识。在设计过程中，我们发现问题，并利用所学知识和查找未知知识去解决问题，锻炼了我们的动手能力、交际能力与应变能力。

"这次比赛是我印象较为深刻的一次，而后来连续参加了多种比赛，大都也经历了这样一个过程——从想法的产生到实现，从专利的撰写到授权，从竞赛的筛选到获奖。这种过程留给我们的记忆也是深刻的——从材料的熬夜准备，到答辩现场的激动紧张；从思路不和的激烈讨论，到方案敲定的成竹在胸；从初次答辩的急不择言，到临场应变的驾轻就熟。这种过程充满繁忙与辛劳，但也是一个锻炼与提高的过程。我想，这也是我梦想实现的过程。

"回想起之前的各种经历，可能有人会问我的动力是什么，我想动力应该是爱好。但这过程中给我最大帮助的却是学校的氛围、课堂的教导和名师的指点。

"我现在已经离开母校，但每每回想起我的这些经历，我觉得这些都是母校给我的，是母校创造了这种环境，是母校营造了这种氛围。我是在这种氛围下成长起来的。

"我梦想的起点应该是暑期'发明与专利'集训班和'每日一设想'竞赛，这两个课堂激发了我的思维，教会了我方法，养成了我的习惯。这些思维、方法和习惯正是我前进路上的利刃。我是在这种利刃的帮助下成长起来的。

"从我第一次参加集训班开始，到参加各类比赛，最需要感谢的是我们学校的冷护基教授。冷护基教授在比赛中给予我多方面的帮助与指导。他不仅创办了'创新能力试点班''发明与专利'集训班、'每日一设想'竞赛等活动来培训、启发大家，而且致力于大学生创新教育的建设与实施，让同学们得到锻炼，从中获益。我是在这些名师的指点下成长起来的。

"最后，在对母校及恩师表示感谢的同时，也希望国内其他高校能够尽快实施创新教育，让更多的学生从中获益。"

吴雪健

安徽工业大学

吴雪健，男，1991年生，安徽工业大学冶金工程学院冶金工程专业2014级硕士研究生。在校学习期间，申请专利50余项，获得“一种高炉用含碳球团”等发明授权5项、专利授权30余项，获全国冶金青年创新创意大赛二等奖、全国“转炉炼钢模拟比赛”三等奖各1项和“挑战杯·中国联通”创青春创业计划竞赛安徽省金奖。曾荣获“安徽工业大学科技创新之星”“中国大学生自强之星”“安徽省十佳大学生”等称号。

吴雪健对创新有着浓厚的兴趣，喜欢研究新事物、迎接新挑战。但是创新的历程并非一帆风顺。创新即要提出前人所未提出的技术方案或设计，实施起来相当复杂。在经历几次失败后，吴雪健感觉到其中的枯燥乏味。渐渐地，他也如大多数同学一样开始放弃了创新之路。在杨建老师的鼓励和帮助下，2012年3月8日，吴雪健申请了第一个专利，从此他便与专利结下了不解之缘，真正开始了他的创新历程。他将创新融入生活，处处留心身边事物的不足，不断发现生活中的不足，并提出新的技术方案，改进不足。大三接触专业课程之后，他又将创新思维带入到专业课学习中，大四时又积极参与老师的科研项目，并提出自己的创新想法，申请了部分关于专业课程的相关专利。大二至今他共申请国家专利50余项，其中申请发明专利20余项，专利授权30余项。

一个人的创新力量是微弱的，但是一个团队的创新力量是惊人的。正是本着对发明创造的热爱，2012年在杨建老师的指导下，他筹备建立了冶金工程学院发明创新协会。为了提高协会成员的创新能力，他积极组织开设专利班，并在专利班中主讲专利说明书的撰写。此后，他还负责修改部分同学的专利说明书。4年来，共开班6次，培训学生300余人次。除此之外，他还以各种形式的宣讲会，为广大学生做报告引导学生参与创新，听众达3 000余人次。

此外，为了进一步提高发明创新协会成员的创新能力、锻炼其创新思维、加强其撰写专利说明书的规范性，他带领协会加强与南京知识律师事务所交流，积极邀请了南京知识律师事务所的专利代理人胡锋锋为专利班作专题报告。他积极组织协会成员在暑假参加南京知识律师事务所的社会实践，为广大学生提供了一个学习专利的平台，极大丰富了学生的专利知识，提高了学生创新能力和专利说明书的撰写能力。

他还积极组织协会成员参加科技竞赛。在马鞍山市“华菱汽车杯”首届大学生专利创造大赛中，协会成员共取得各类奖项20余项，占所有奖项总数的1/3左右，他自己也在此次大赛中获奖3项。另外，在马鞍山“禾恒杯”大学生专利知识大赛中，他带领团队勇夺冠军，并在“禾恒杯”马鞍山市第二届专利创造大赛中获奖10余项。由于工作突出，成绩显著，他被评为安徽工业大学“2013年社团年度人物”（共10人）。

钢铁企业是环境污染的重灾区，其中烧结工序是二氧化硫（SO_2）、氮氧化物（NO_x）和二噁英类（PCDD/Fs）的主要排放源。随着环境问题的日趋严重，烧结烟气污染物的治理已成为急需解决的关键技术问题。大四后，吴雪健加入龙红明老师的科研团队，积极参与烧结污染物治理，并作为主要人员参与国家自然科学基金与宝钢联合资助项目“尿素法同步抑制烧结过程二氧化硫、氮氧化物、二噁英排放及其耦合作用机理（No.U1260101）”。

在大家共同努力下，最终查明了烧结过程中SO_2的产生机理和迁移特性，揭示了烧结过程中二噁英的合成机理及铜、氯等离子在合成过程中的催化作用。综合考虑经济性和实用性后，选择尿素作为抑制剂，并创新性地提出在烧结料层的特定高度添加尿素进行减排，摸清了基于烧结料层特定高度添加尿素进行减排的机理，撰写的*Mechanism on Selective Desulphurization in Sintering Process with Adding Urea*等多篇论文正在投稿中，并申请了多项关于烧结过程中SO_2、二噁英减排的发明专利（专利申请号：201510033238.9，201510137245.3，201510137251.9，201410592066.4，201410109130.9）。

陈子亮

安徽工业大学

陈子亮，男，1990年生，安徽工业大学材料科学与工程学院材料科学与工程专业2012级硕士研究生。曾荣获“安徽工业大学十大杰出大学生”称号，2015年5月在安徽合肥参加江西卫视举办的全国科普知识竞赛类节目《顶级对决》，且成功入围前八强并代表合肥参加全国比赛，在*Journal of Alloys and Compounds*和*The Journal of Physical Chemistry C*等期刊发表SCI论文多篇。

在学习上，作为一名硕士推免生，他能够明确人生目标，锐意进取；在生活中，作为一名学生干部，他能够尊敬师长，团结同学，乐于奉献；在思想上，他能够始终牢记党员这一身份，严于律已，追求进步。在备尝艰辛的两年半求学时间里，他在各方面获得了长足的进步并取得了一定成绩。

在创新方面，陈子亮同学主要涉及科研领域，他的经历及创新成果主要体现在如下几个方面。

初生牛犊整合资源，创造机会。托·富勒曾说过，一个明智的人总是善于抓住机遇，把它变成美好的未来。刚进入研一的陈子亮，除了将学习成绩提高到年级最好之外，还积极利用课余时间接触实验室。通过不断的摸索和学习，研一期间他便基于实验室设备，针对它们的不足开始改进，培养了一定的创新能力。硕士求学期间，他参与专利申请10余项，现已有8项授权，并有相关专利经过专家鉴定后，荣获马鞍山市“华菱汽车杯”大学生专利创造大赛三等奖和优秀奖。除此之外，他还积极参加全国科技作品大赛、全国“挑战杯”比赛及全国科普知识大赛并获奖。

成长伊始——梦想与现实的桥梁。如何培养出优秀的个人品质？西方有句谚语是这样回答的：保持谦卑，保持自信。入学以来，陈子亮始终以身边优秀的同学为榜样加强自身学习，并随着人生阅历和经验的丰富，开始不断反思自己的不足，以期改善自己的短板。他改变了曾有过的那份执拗和傲气，学会换位思考，同时也改变了心中曾有过的一份不自信，开始变得洒脱坦然。这些品质、思想上的创新改变，让他取得了一定的成果。2013年10月，带着一份自信，他荣获安徽工业大学第四届研究生科技学术报告比赛理工组一等奖。2014年9月，他以硕士研究生身份参加第三届全国氢能博士生研讨会，获得了这次报告会上设立的最高的报告类荣誉——全国氢能博士生最佳口头报告奖，而且收录在*Hydrogen Energy Symposium of China Doctoral*杂志上的会议论文（第一作者）亦被评为优秀会议论文。这次报告会，既让大家看到了他务实求实的品质，也展现出了一个年轻人奋发向上的风貌。这些经历让他意识到现实与梦想之间的桥梁就是努力创新，要想在知识上创新，必先学会在品质上创新。

蜕变阶段——创新无止境，实践出真知。莎士比亚说过，在命运的颠沛中，最容易看出一个人的气节。陈子亮在学术研究过程中并不是一帆风顺的，他也曾遇到过许多困难，经历过许多挫折，有时更是在深夜中辗转反侧，连续数夜无眠。但是他并未放弃自己，而正是对自己的这份信任，使得他在逆境中形成了强大的抗压能力、过硬的心理素质以及豁达的人生态度。成果总是与付出相伴相生，运气也总是留给坚持到底的人。2013年10月，在导师的引导下，陈子亮所写的第一篇论文成功发表在*Journal of Alloys and Compounds*这一国际SCI期刊上。之后不久，他便成功申请到研究生创新基金项目，并以此为依托，以第一作者身份于2014年9月在*Journal of Alloys and Compounds*期刊上成功发表第二篇SCI论文。与此同时，他又以第一作者身份在*Journal of Functional Materials*（EI）期刊上成功发表第三篇论文。创新无止境，实践出真知，这是他在创新意识上的真正蜕变。

修炼升华——融创新于灵魂，其乐无穷。圣西门曾说过，为人类的幸福而劳动，这是多么壮丽的事业，这个目的有多么伟大。在毕业论文设计中，他首次开发了新型超点阵钐－镁－镍化合物体系，并揭示了有关这类化合物的结构特点与其储氢特性的内在关联，为高性能镍氢电池负极材料的进一步研发提供了重要的理论依据。这一突出成果已于2015年3月发表在*Journal of Physical Chemistry C*这一高水平SCI期刊上。此外，在论文完成之前，他已将相应成果申报发明专利。论文完成之际，他积极争取机会，抓住机遇，努力学习前沿专业知识。例如，去福建参加第一性原理的VASP培训、去中科院参加同步辐射的EXAFS培训、创造机会向海外学者学习原子对径向分布函数的APDF分析方法等。萧楚女曾说过，人生应该如蜡烛一样，从顶燃到底，一直都是光明的。陈子亮意识到只有骨子里散射出创新之光，去快乐地学会创造，才能不断地创造成果。

展望未来——只有一条路不能拒绝，那就是创新之路。2012年注册新浪微博的时候，陈子亮写下了这样一句话：做一个真诚的朋友，做一个孝顺的孩子，做一个能屈能伸的男人，做一个好共产党员，宁愿累死，也绝不贪图……这是他用一生去坚守的誓言。他深爱着祖国、家人和朋友，也深爱着陪伴他沐浴他7年的母校，一片赤诚之心由此可见。在硕士求学阶段，他已经作了进一步深造的打算，决心将自己的余生奉献于科学研究，为科学研究贡献自己的一份微薄之力。科学研究必然意味着创新，陈子亮坦言，他这一生能够为科学创新而活，一生也就没有什么遗憾了。面对未来，新的人生征程刚扬帆起航，而他，将加倍努力，相信他会交给人生一个满意的答卷。

高盼军

安徽理工大学

高盼军，男，1990年生，安徽理工大学能源与安全学院安全科学与工程专业2014级硕士研究生。2011—2012学年，荣获第五届“节能减排大赛”国家二等奖，第二届“采矿模型大赛”国家二等奖1项、国家三等奖1项；2012—2013学年，荣获第十三届“挑战杯”课外学术作品竞赛国家三等奖，第三届“采矿模型大赛”国家一等奖1项、国家三等奖1项；2013—2014学年，荣获第四届“采矿模型大赛”国家一等奖1项、国家二等奖1项，第五届安徽省百所高校百万大学生科普创意创新大赛三等奖；2014—2015学年，荣获第六届“挑战杯·中国联通”安徽省大学生课外学术科技作品竞赛一等奖。

立志于煤矿。出生于农村的高盼军，从小家庭贫困，求学的道路上他吃了不少苦。也正是因为他的这份能吃苦耐劳的精神，让他在高考选专业时义无反顾地选择了安全科学与工程专业。他做这个选择，其实还有一个重要的原因。上小学的时候，他的家乡有很多人在煤矿做一线工人，一次瓦斯爆炸事故让他身边的几个同学失去了父亲。这次事故给了他冲击与震撼，于是他便在心中立下了要为煤矿工人造福，为煤矿安全工作作贡献的志向。

立志须躬行。高盼军深知，他现在所学的就是今后为煤矿服务的资本，所以他丝毫不敢马虎，不懂的知识他会及时请教老师，直到问明白为止。在每门专业课课本的首页，他都会写上“安全第一，责任重大，人命关天，风险与使命并存”这样一句话，这是他时刻对自己的提醒，也是一个从事安全工作的人所需要谨记的。

高盼军知道要想更好地造福煤矿，本专业的知识远远不够。于是，课余时间他总会到图书馆借阅或上网查阅机电、煤化工、机械、计算机等一些与煤矿相关的知识。大一的时候，为了做“煤矿安全心理测评系统”，他看了许多有关煤矿工人心理学的论文和书籍，并向计算机学院的老师咨询软件编程方面的知识。最终他花了近一年的时间完成了这个系统，得到学校老师们的一致好评。为了做煤矿的泡沫降尘剂，他和团队一个暑假都待在化工学院表面活性剂实验室，在张晓梅教授的指导下，终于成功配出了经济环保的泡沫降尘试剂。为了在采矿模型大赛中体现出创新，他利用课余时间学习单片机知识并请教电气学院的老师，最终他和团队做成了“伴有语音解说的全自动化煤矿防治火灾模型”。

他认为煤矿的许多技术都与其他专业密切相关，不能仅仅局限于本专业的学习，所以课上课下他都在努力着，只为实现造福煤矿的理想。

创新于煤矿。新时期的煤矿所遇到的问题和多年前有很大差别，传统的方法已不能很好地解决煤矿安全问题，创新，迫在眉睫。

高盼军深知这个道理，所以他一直在尝试着。而提到创新，身边的同学也都会马上想到他。上井巷开采学的时候，针对岩巷的掘进问题，课本只给出了从掘进的设备和技术去提高掘进速率切入的方法，大家也都认为这是最好的方法。而他却反其道，认为从岩石本身着手，掘进的同时利用化学试剂去减弱岩石的硬度，改变岩石的结构，从而就可以加快掘进速度。他的这个想法，得到了全班老师和同学的赞赏。他总会用独特的思维、新颖的想法去解决传统问题。

大学至今，他多次带队参加创新类比赛，共获20多项校级及校级以上奖项，其中8项国家级奖项，授权8项实用新型专利（第一作者），3项发明专利进入实质审查阶段（第一作者），录用4篇中文核心期刊（第一作者）。这些荣誉的取得也可以直接或间接地说明他将要奋斗于煤矿的意志。他所参加的比赛课题都与煤矿相关，涉及煤矿的瓦斯、降尘、防火、支护、软件测评等。每一个课题的选取，他都会查阅许多与课题相关的书籍和论文。在此过程中，他不仅可以学到很多知识，最主要的是可以了解目前国内外关于这一课题的最先进技术。特别是对于煤矿，其技术的更新是很快的，课本根本无法跟得上技术的更新。他知道，要想进步，必须创新。

与此同时，他在学院党委和团委的支持下成立了一个创新社，该社以

"培养创新理念，成就创业梦想"为宗旨。他认为创新应该成为一种习惯，他要用创新精神先改变自己，而后影响他人。

奉献于煤矿。高盼军知道他所学的一切将来都会在工作中派上用场，他也决定要将根扎于煤矿事业，为矿山煤海做力所能及的事。

他的家乡有很多煤矿，家乡人从煤矿中获益，从某种角度上也可以说是煤矿培养了他。他把自己今后奉献于煤矿视作一种知恩图报。当很多人谈煤矿"色变"的时候，高盼军就在想怎样去改变大众的看法。他清楚地明白，只有煤矿的事故率降低，人们的态度才会改观。而他，一直都在用自己的实际行动做好奉献于煤矿的准备。

奉献，不能只在语言上。从大一做"煤矿安全心理测评系统"开始，高盼军就开始践行着他对煤矿的奉献。他知道煤矿事故一旦发生，工人们的心理必先受到冲击，而这会直接影响到煤矿的安全与效益。高盼军在家乡附近的煤矿做了很多问卷调查。刚开始他被煤矿的保安拒绝，但百折不挠的他连续去了几天终于打动了煤矿工人。他们了解到高盼军的用心，也佩服一个年轻小伙子立志奉献煤矿的精神。

高盼军知道奉献是不图回报的付出。当他儿时目睹了同伴家庭悲剧并立下此志时，他就明白自己将来肩上的责任。一个人被上天赋予生命，为自己和他人的幸福安宁作些贡献是理所应当的。道理，也许就是这样的简单。

徐曼曼

安徽理工大学

徐曼曼，女，1987年生，安徽理工大学机械工程学院机械电子工程专业2012级硕士研究生。2012—2013学年，荣获第六届“节能减排”竞赛国家三等奖，校级二等奖、三等奖和优秀奖；2013—2014学年，荣获第五届“全国大学生过程装备实践与创新”大赛国家二等奖，第七届“节能减排”社会实践竞赛国家三等奖。

在研究生期间，她一直积极参与创新活动，取得了一定的成果，现总结如下。

论文方面：总共撰写论文7篇，其中，已发表4篇，已录用2篇，已经投稿在终审阶段的论文1篇。其中，《基于恒温边界一维非稳态传热模型测固体材料热物性参数》被《中南大学学报（自然科学版）》录用，该刊为EI（核心版）等著名数据库的收录源期刊；《巷道掘进支护平台防护盾有限元分析》发表于《煤矿机械》2014年第4期；*Structural Design of a Multi-Degree-of-Freedom Scalable Tree Trimmer* 和 *Finite Element Analysis on Rack and Pinion of Roadheader* 发表于 *Chemical and Mechanical Engineering, Information Technologies* EI网络数据库；《一种多自由度可伸缩剪枝机的设计》发表于《农业机械》2013年第19期。

专利方面：研究生阶段申请专利25项，其中，第一发明人专利7项，前3名发明人专利10项，2项发明专利进入实质审查阶段，排名分别为第一和第二；第一发明人实用新型专利授权6项，实用新型专利受理3项。

学科竞赛方面：研究生阶段积极参与各项学科比赛，如全国大学生“节能减排”社会实践竞赛、全国研究生数学建模竞赛、大学生机械创新设计大赛、安徽省百所高校百万大学生科普创意创新大赛等，取得了丰硕的成果。

2013年获得“力诺瑞特杯”第六届全国大学生“节能减排”社会实践竞赛国家三等奖，校级二等奖2项（排名分别为第一和第五）、三等奖和优秀奖。

2013年获得第十届“华为杯”全国研究生数学建模竞赛优秀参赛奖。

2013年获得第四届安徽省百所高校百万大学生科普创意创新大赛入围证书5项。

2013年获得大学生机械创新设计大赛校级二等奖（排名第二）。

2013年安徽理工大学大学生科研立项申请通过，并获得安徽理工大学优秀科研项目荣誉证书。

2014年获得第五届“全国大学生过程装备实践与创新”大赛国家二等奖。

2014年获得“金川杯”第七届全国大学生“节能减排”社会实践竞赛国家三等奖。

2014年获得第五届安徽省百所高校百万大学生科普创意创新大赛优秀奖1项。

科研方面：研究生阶段，她参与科研项目多项。如：

参与“输送带酒精喷灯燃烧试验装置研究”项目：属于个人横向项目，安徽理工大学研究生横向项目，编号：2B125。

参与“KSZH00型综掘快速支护装备设计”项目：旨在设计出一种适用于综掘巷道的快速支护装备，设备采用单轨吊挂形式，提高巷道支护作业的安全性和支护效率，发表论文《巷道掘进支护平台防护盾有限元分析》。

参与“皮壳机半自动纸板定位输送装置”项目，即2013年安徽理工大学大学生科研立项项目）：旨在设计一种半自动纸板定位输送装置。它主要由出纸机构、纸板定位机构、自动落纸机构、纸板压紧机构四部分组成。

参与“BF型矿用防飞车防坠器”项目：旨在设计出用于矿井防飞车的矿用防坠器。她是该项目的负责人，发表论文《矿用防坠器的有限元分析与结构改进》。

参与“门窗玻璃综合热物性测试仪研发”项目：旨在开发出自动化程度高、精密度高、可以测定门窗玻璃传热系数、热扩散率和比热容等热物性参数的测试系统及其配套软件。

参与“松散煤体热物性参数知识推理关键技术研究”项目（安徽省自然科学基金，编号：1408085ME107）：主要测量导热系数λ、热扩散率a和比热容C_P，发表与之相关的论文一篇，被《上海交通大学学报》录用。

参与“煤矿综采设备安装拆除成套装备设计与开发”项目：旨在研发一套自动化程度高、效率高、安全性好的煤矿综采设备安装拆除成套装备。

参与“W-446(500HP)三缸单作用泵产品二次研发”项目：旨在开发出适用于大型泥浆泵参数化设计软件，完成中小型泵设计及出图，提供现有泵结构仿真校核分析技术支持。

参与“矿用液压吊装机吊臂结构力学分析及优化”项目。研究流程包括：吊臂结构理论分析计算；矿用液压吊装机吊臂有限元分析；建立吊臂变幅机构动力学参数化模型；基于等效元素法对变幅机构进行理论分析，建立动力学模型，列出运动微分方程，采用Matlab软件进行求解计算，得到吊臂的动力响应曲线。采用ADAMS软件进行动力学仿真，对变幅机构的三种工况进行动力学仿真分析，获得最危险工况，针对此工况下的三铰点位置动力学优化设计。

章启明

安徽财经大学

章启明，男，1994年生，安徽财经大学经济学院经济学专业2012级本科生。曾获“美国大学生数学建模”竞赛国际一等奖、“全国大学生数学建模”暑期夏令营国家三等奖、“挑战杯”全国大学生系列科技学术竞赛省二等奖。在过去三年的学科竞赛和学术研究中，他一直坚持培养自己的创新能力，对自己在创新活动中的成果分总结为两个方面：一是学科竞赛方面，二是学术科研方面。

本学期期末，他刚刚从安徽大学参加“挑战杯”全国大学生系列科技学术竞赛回来。本次参赛，他尝试对人口预测和就业压力评估的方法进行创新，虽然有理论创新，但是缺少实地调研对理论的验证，因此只获得了省二等奖。

2015年2月，他参加了“美国大学生数学建模”竞赛并获得了国际一等奖。在团队中，他负责的是编程与建模工作，其中，他们最主要的创新在于模型，而最大的困难，则在于编程。由于他们团队3人均是经济金融类专业的，编程能力较弱，此时他们面临的问题是，如果坚持模型的创新，他们便没有可以借鉴的源程序。然而，他们坚持了自己的创新，经历了几个不眠之夜，最终调试出了程序并顺利地完成了论文。

2014年暑假，安徽财经大学代表队作为安徽省唯一的代表队，参加了全国大学生数学建模组委会和深圳市科协共同举办的“深圳杯”暑期建模夏令营，并获得了A题第四名的成绩，章启明作为队长付出了很多精力，最终他们的创新成果也得到了组委会老师的认可，论文入选了夏令营优秀论文集。

目前他已经主持国家级大学生创新创业训练计划项目1项，省级大学生创新创业训练计划项目2项：

国家级大学生创新创业训练计划项目《长江经济带建设下中小城市发展战略研究》；

省级大学生创新创业训练计划项目《蚌埠市重返安徽省第一方阵的经济学分析》；

省级大学生创新创业训练计划项目《国产手机品牌化与国际化几种战略模型的综合分析》。

做项目，遇到困难是在所难免的。要解决困难，不仅要具备充足的知识，还要具有相当的耐心和细心。在这个项目中，他经历了许许多多的第一次，而这些第一次绝大多数都不那么美好。一次又一次的失败和重来，花费的大量时间及精力，使得做出来的成果弥足珍贵，同时也极大地磨炼了他的耐心和细心，填补了他在这些方面的不足。

同时，他发表了科研论文4篇。其中，《公共基础设施投资部门间经济效应对比分析》发表于中文核心期刊《商业经济研究》上，《基于增长极视角的“单独二孩”政策效应实证分析》发表于《广西财经学院学报》上。

他说：“我的老师们教给了我很多，带给我的不仅是丰富的项目经验，还有他对项目敏锐的洞察力。老师一直强调创新，让我们在做项目的同时，不断积累和学习别人的研究成果，并不断找寻我们的亮点。通过大学三年参与的各项创新活动，我收获了知识和经验，最重要的是树立了创新的意识，虽然我们本科生的知识很有限，但我们也可以进行创新，在前人的基础上做出一些新的成果。”

李才波

安徽工程大学

李才波，男，1994年生，安徽工程大学机械与汽车工程学院机械设计制造及其自动化专业2012级本科生。曾获第七届全国三维数字化创新设计大赛安徽赛区特等奖，全国决赛二等奖1项、三等奖1项，安徽省大学生工程训练综合能力竞赛一等奖，第四届全国大学工程训练综合能力竞赛二等奖各1项，国家实用新型专利1项。

李才波思想上进，积极要求进步，积极参与共青团的各项活动。学习上，勤奋刻苦，涉猎广泛。他始终把学习放在首位，依然保持高中时学习的热情和刻苦的精神。身为学生干部，他充分利用时间，提高效率，做到了工作、学习两不误，曾获得校三等奖学金。他还很重视社会实践，暑期积极到相关企业参加实习。与此同时，他在科技创新方面还有更为突出的表现。

作为工程训练创新协会的团支书，他个人在校级、市级、省级乃至国家级的科技类竞赛上均取得了优秀的成绩，目前拥有国家实用新型专利1项。

在被问起参加这么多科技竞赛的动机时，他这样说："起初只是因为感兴趣，喜欢机械、喜欢和一群人一起探索科技的奥妙。后来慢慢地接触的比赛多了，面临的挑战和困难也多了，这些困难包括学习任务和学生工作比较繁重占据了研究科技作品的时间等客观因素，还包括自身专业知识、专业技能掌握不足等主观因素。记得大三上学期的时候，我担任班长，开学需要进行班级测评贫困同学的困难认定工作，让我忙得不可开交。正好又赶上第四届全国大学生工程训练综合能力竞赛安徽赛区的比赛，已经精心准备一个学期的我当然不希望错过如此难得的机会，于是我每天除了在教室上课，其他时间都泡在实验室，画图、写说明书、加工作品、调试作品，有时候甚至太投入以至于忘记吃饭，于是有时晚饭是在实验室煮泡面，每天晚上11点之后才回到宿舍。除了要搞作品，我还要忙于策划、组织校辩论赛，太多的事情需要我去做。

“眼看着12月份的比赛日期就要来临，作品还没有加工成型，作品无法加工成型就意味着没办法去合肥参加比赛，而且就算成型之后还需要大量的调试才能使作品达到最佳状态，但人的精力毕竟有限，慢慢地我就感觉力不从心了。很多时候好多事情是同时席卷而来的，我被各种事情搞得措手不及。面对这些困难，身边的队友有些开始打退堂鼓了，甚至有的就半途而废了。其实我当时也有些动摇了，因为大家心里都清楚，就算坚持到最后去参加了比赛，付出了这么多的时间和精力也不一定能拿到奖。但即使希望如此渺茫，经过了一番激烈的心理斗争，我最终还是决定坚持下去。因为我知道如果不去放手拼一把，就永远不知道自己能够到达什么样的高度，不知道自己到底能走多远。既然选择了这条路，就不要让自己有后悔的机会。于是我带领几个依然想继续坚持下去的队友，每天晚上加班到十一点半，直到工程训练中心值班的大爷上楼赶我们，我们才急忙赶回宿舍，因为再晚一会可能连宿舍门都进不去了。

“经过一个多月的加班加点，我们终于在11月底把作品组装成型，并进入调试阶段。2014年12月8日，我们被告知比赛因为场地建设的原因推迟至2015年4月份。听到这个消息时我的队员们有的高兴，有的失落。高兴的原因是为推迟比赛意味着有了更多的时间，但失落的是我们需要再付出更多的时间在比赛上，殊不知这个比赛从校赛至那时已经过去了一年，我们为这个比赛已经准备了整整一年。就在启程去合肥的第一天因为调试场地桌面严重倾斜，导致已经调试好的作品本身就很脆弱的一个小零件摔裂了，直接影响了整个作品的正常运行。当时我的心都要碎了，想到第二天晚上就要比赛了，短暂的失落之后我把队友们紧急召集起来商量对策，准备加紧把小零件用胶水粘接，重新调试。那天晚上我们就在住宿的宾馆大厅里连夜调试，最终调试成功。比赛当天，整个比赛吸引了来自全省几十所高校几百部作品参加，最终经过激烈角逐，我们取得了一等奖的好成绩，并在5月份代表安徽省参加全国赛区的赛事。优异的成绩总算没有辜负我们一年的坚持。5月，我一直坚持带领队员在全国赛区中取得了全国二等奖的好成绩。那时候我才真正感受到了苦尽甘来的喜悦之情，让我觉得坚持一件事是那么的幸福。”

有一种人生是安贫乐道，有一种人生是逐浪沉浮，有一种人生是奋发向上。一如既往的忙碌依旧陪伴着他，走在校园里，你一定不会注意到这样一个普通的大男孩。他立志在毕业后去一家国际化大企业工作，并时时鞭策自己为了理想努力奋斗。“青春因奋斗而精彩”是他的信仰，只有奋斗的充实才是青春的答案，用奋斗的青春书写生命的华彩，生命将因此而厚重！

沈利言

安徽工程大学

沈利言，男，1993年生，安徽工程大学计算机与信息学院信息与计算科学专业2012级本科生。他所在团队先后获得了中国机器人大赛暨RoboCup公开赛全国二等奖，第三届中国“软件杯”设计大赛全国初赛二等奖，安徽省第六届“蓝宙杯”机器人大赛三等奖，第三届芜湖市大学生创新发明大赛三等奖等。在专利发明大赛中，“一种防止刹车与油门装置”获芜湖市入围奖，“红外线电缆计米器”获芜湖市三等奖。

一直以来，他在各个方面都不断充实自己，希望通过自己的努力变得更加优秀，以此感恩父母亲人对他的付出、感恩那些曾经帮助过他的人，同时他坚韧的精神也激励着周围的每一位同学。

生活上俭以养德，独立自主。沈利言同学的家庭条件贫苦，为了分担家庭的经济重担，缓解父母的压力，他在大一的时候就做过很多兼职。大一的那个寒假，为了大二学年的学费，他到了县城里的一家餐馆里打工。虽然工作不是特别累，但是由于时间太长，开始的几天他浑身疼痛得几乎睡不着觉，但为了减轻家庭负担，他还是咬牙坚持了下来。工作了25天，他整整瘦了10斤，不过看着发的工资他还是美滋滋地笑了，觉得之前的辛苦都是值得的。

大二时，他还利用双休的时间，发传单、做促销、带家教。虽然一周的学习已经让人很疲惫，但是为了那几十元钱，他还是坚持了下来。因为他要做一个自立自强的人，他认为只要自己肯努力没有什么不可以，就这样他做了一个学期。虽然课外的兼职做了不少，但他在学习上并没有任何放松，并拿到了国家励志奖学金。在申请助学金时由于名额有限，当他得知有同学的家庭条件比他更困难时，他还主动把名额留给了他的同学。因为他想通过自己自立自强创造自己所需要东西，而不想一味地从别人的手中获取。

社团活动中创新超越。沈利言爱寻找自身的不足之处，更喜欢去主动地弥补这些不足。有些内向的他非常胆怯，甚至畏惧在公众面前讲话。为了克服这点不足，他毅然决然地去参加非常有挑战性的辩论赛。在中学时期从来没有接受过训练的他，在比赛期间，几乎每天都要在操场上一遍又一遍地练习自己的稿子。由于长时间的练习，嗓子几乎都沙哑了。除了辩论赛他还认真地学习，晚上回到寝室，当室友都睡觉了，他还在复习着课本的知识，虽然很辛苦，但他没有向困难低头。经过15场辩论赛的角逐，在他的带领下辩论团队终于在学院和学校分别获得冠军和季军。同时期末考试时他也获得了比较优异的成绩。在这背后他不知道流下了多少汗水与泪水，但喜迎丰收，他知道再多的付出也是值得的。

学习上锐意进取，开拓创新。大二开始，沈利言下决心把这份自立自强的精神应用在学习上，以勤奋刻苦的求知态度、锐意进取的创新精神来研究自己的专业课。大二上学期，他就积极地参加各项科技竞赛活动。芜湖市数学建模竞赛，他奋斗了三天却“颗粒未收”；安徽省双百大赛奋斗了将近半个月，也没有任何成果。他也想过放弃，但是他知道，如果他自己不勇敢不坚强，大学四年注定是不堪回首的。他不甘心，不甘心自己总是失败，调整过后，他抱着试一试的心态参加了中国软件设计大赛，自从选择了赛题之后，也就开启了他的自学生涯。

由于当时用到的主要是安卓开发知识，老师还没有教，他就只能天天到图书馆查资料，有些资料不理解就只能够去网上去看视频。一开始由于什么都不懂，学习的效率就特别低，但是他没有被困难吓倒，经过将近一个月的奋斗，终于斩获了中国软件设计大赛初赛二等奖。为了进一步提高自己的计算机技术，他坚持暑期留校并要求参加比赛，老师被他的坚强而又好学的精神感动，于是让他参加中国机器人大赛暨RoboCup公开赛。虽然夏天炎热的天气折磨着他，虽然简陋的生活环境考验着他，但是他不放弃、不抛弃，坚持到比赛结束。在这期间他查阅了大量的书籍，攻克了许多难题，最后在全国在2 000多位同学组成的400多支队伍中获得全国二等奖。

到了大三阶段，他早已有了自己的目标规划，那就是坚定不移地把计算机等专业知识学得更加扎实，为以后的考研或者就业作准备。刚开学不久，别的同学可能还沉浸在暑假悠闲幸福的生活中，他早已筹划报名安徽省第六届“蓝宙杯”机器人大赛，此次他不顾知识点的深奥和比赛的艰辛，报了两个项目——轮式机器人田径竞赛和舞蹈大赛。关于机器人舞蹈，他经过暑假两个月的学习有了比较扎实的基础，项目做起来比较容易，但是轮式小车对于他来说是一个完全陌生的机器，他又得从基础学起。各个接口的物理结构、PID算法的设计和调试、无线传感器的数据采样等，这些东西对他来说都是陌生的。他只能一步一步地学习。

从开学起，除了白天上课，他基本都在实验室。最后在合肥经过激烈的角逐，他获得了省级三等奖的好成绩。有付出就有回报，通过前期的努力和积累，在第三届芜湖市专利发明大赛上，沈利言带着作品，分别获得校入围奖、校三等奖、市入围奖和市三等奖的好成绩，这也是他善于思考的结果。

“宝剑锋从磨砺出，梅花香自苦寒来。”他说：“不经历一番风雨是不会看见彩虹的，不经过小丘就不会领略到大山的巍峨，正是从一点一滴的小事做起，从敢为人先做起，成就了今天的我。虽然家庭比较困难，但我知道这一切都只是暂时的。大学是我人生的起点，更是我人生的转折点。勤奋刻苦的求知态度，自立自强的品质追求，使我的人生观得以初步实现。无论过去有过多少曲折和艰辛，无论拥有多少星辉和花朵，都已成为昨天，而我更相信‘夜正长，路也更长’，我会用‘登山则情满于山，观海则情溢于海’的热情和态度，以‘没有更好，只有最好’的标准继续我的‘人生革命征程’。在今后的日子里，我会珍惜拥有的一切，继续用我的努力、勤奋、自立、自强、真诚踏实地过好每一天。”

冯泽龙

安徽工程大学

冯泽龙，男，1993年生，安徽工程大学艺术学院产品设计专业2013级本科生。曾获“帝度杯”国际家用电器设计大赛铜奖、优秀奖；“江淮杯”工业设计大赛鼓励奖；全国工业设计大赛安徽赛区一等奖、安徽赛区二等奖；校新生才艺大赛最佳人气奖、台风奖、优秀奖。

出于对工业设计的热爱，冯泽龙选择了这个专业。入校两年来，他坚持不懈地努力创新，并取得了一些成果。

为了加深对理论知识的理解，提升自己的实践能力，他不断地思考知识和创新的关系。2014年3月，大一下开学之初，正值“帝度杯”国际家用电器设计大赛，虽然所学知识非常有限，他还是决心挑战比赛，期望通过比赛跃上了新台阶。作品创意过程历时3个多月，非常艰难，但是收获是无法预计的。

在家用电器的设计过程中，以前的知识不仅融会贯通了，而且得到了很大拓展。在设计时，本专业的知识严重不够用，内部结构涉及的机械和材料方面的内容，迫使他查阅大量资料，软件运用也从生疏到熟练了。一分耕耘一分收获，他的努力带来了回报。“帝度杯”国际家用电器设计大赛在1 400多件提交作品中只设有54件奖项，在这样角逐激烈的比赛中，他所在的团队提交的作品，获得了1个铜奖和1个优秀奖。艺术学院给予他们高度肯定：“大一同学获得如此高的奖项，这是有史以来第一次。”

受到这一次比赛的鼓舞，他再接再厉，继续参加了全国工业设计大赛，获得了1个安徽赛区一等奖和1个安徽赛区二等奖的好成绩。2014年11月，他带领团队参加了安徽省江淮杯工业设计大赛，入围两件作品，最终一件作品获得鼓励奖。

2014年12月，他的团队对国际顶级赛事IF发起冲击，虽然最终失败，但他们是“第一个吃螃蟹”的，是艺术学院迄今为止第一个冲击IF的在校生。这也让他们学会从全球背景和视角去思考理解现代设计，对他们的创新观念有很大的促进。

在课程学习之余，他们参与研究的“校园公共洗衣机”获得了国家级创新计划的资助，这使他们有机会尝试新的学习途径和更紧密的团队合作。

几次比赛经验告诉他们要拓宽知识面，学习更多其他学科的知识，实现学科交融，科学艺术交汇，提高综合素养。他们申请了第二专业——市场营销专业的学习。

他们还以低年级学生身份成为工业设计系科技创新团队核心成员，参与校企合作服务社会。在这支创新型团队里，第一层是经验丰富的老教师，第二层是青年教师，第三层是研究生，第四层是大三大四学生，第五层是大一大二学生。他们原先处在第五层的既定任务和目标是接收科技创新意识和专利意识教育。由于他们表现出色，一跃进入第三、四层成为科技创新的主体，参与了多项校企合作项目。

他们为奇瑞汽车股份有限公司开发的大功率无线充电设备，为企业创造了20万元的经济效益。

江 柳

安徽工程大学

江柳，男，1993年生，安徽工程大学电气工程学院光电信息工程专业2012级本科生。曾获第十三届“挑战杯”全国大学生课外学术科技作品竞赛三等奖；第五届“挑战杯”安徽省大学生课外学术科技作品竞赛一等奖；第六届“挑战杯”安徽省大学生课外学术科技作品竞赛特等奖；第十届全国大学生“飞思卡尔杯”智能汽车大赛一等奖；“TI杯”安徽省第九届大学生电子设计竞赛一等奖；校“瑞德杯”电子制作与设计大赛一等奖；校第九届“科技与生活”科普创新创意大赛一等奖；校“安徽合力杯”第六届大学生课外学术科技作品竞赛一等奖。

2012年，江柳步入了安徽工程大学。在这个优良的环境中，他跨出了成长中重要的一步。作为新时代的青年，他明确知道应该努力学习科学文化知识，培养各方面的能力，从而提升自身的综合素质。所以一直以来江柳都严格要求自己，用知识丰富头脑，将校训“团结，勤奋，求实，创新”铭记于心。大学期间，他始终将专业学习放在首位，学习态度认真，学习目的明确。他不仅专注于课本知识，还深入探索相关专业领域知识。

在梦想的推动下，他在课余时间借阅并完整阅读了53余本技术类书籍，涉及计算机、数学、单片机、自动控制等多个领域。在学习初期，他由于基础知识的匮乏确实遇到了很多困难，很多问题不能处理。他到处查阅资料，询问其他的老师和相关的技术人员，这个过程是漫长艰辛而又充满意义的。一次次的困难，一次次的坚持，一次次的挑战，一次次的思索，使他的知识储备愈来愈多，学习兴趣愈来愈浓，解决问题的能力越来越强。最终掌握了C51，AVR，ARM等的系统设计，并学会了C，C++，Python和QT等语言的开发技巧。

江柳善于实践，勇于创新。“实践是检验真理的唯一标准”“纸上得来终觉浅，绝知此事要躬行”是他的座右铭。他深知，只看书学习，毕竟是肤浅的，只有实践，才能使自己学习的知识得到升华，得到巩固。他在学习知识的同时，不忘在实践中来检验，来取舍，不断地经历“学习—实践—再学习—再实践”的过程，让科学知识在实践中得到巩固，使他的创新能力得到了增强。在实践和创新的双重指导下，他参与设计了“基于无线个域网的监测平台”，在这个过程中他受益匪浅。首先是看到了自己的知识成功运用于某一具体的事物中，使之有了质的转变，体验到了理论转为实践的巨大喜悦；其次通过团队合作，帮助他了解到其他队员的很多想法，拓宽了自己的知识面，将众人的智慧集于一处，共同商讨，谋求创新。他们都得到了很大的提升，同时增强了创新意识。经过几个月的努力，此次设计拿下了安徽省第五届“挑战杯”的一等奖，顺利入围终审决赛，并获得了被称为“中国大学生学术奥林匹克竞赛”的第十三届全国“挑战杯”大赛三等奖。

2014年9月，面对全国电子大赛，他再次整装待发，挑战自己。而全国电子大赛向来又以“难度大，强度高”著称。比赛要求团队在四天三夜的时间内设计出题目要求的作品，而且这些题目往往也超越了普通大学生的知识范畴。刚从“飞思卡尔杯”智能汽车设计大赛归来的他，顾不上休息，临危受命，最终带领团队设计的“多级电磁加速器”获得了第九届安徽省“TI杯”电子设计大赛一等奖，为学校赢得了2015年全国电子设计大赛的主办权。比赛结束后，他将比赛中的技术创新点，整理成论文，并申请了国家专利，已经获得审批。

近年来，3D打印机的势头很强劲，但是一台成品的3D打印机价格很昂贵，不是一般的个人和团队能够负担的。但是江柳并不惧这些，他独立设计和制作的KESSEL框架并联臂型3D打印机，以较低的成本价格，满足了一般的技术要求，并能够用于实际制作。该项发明获“瑞德杯”电子设计大赛一等奖，第九届“科技与生活”科普创新创意大赛一等奖，其余大小奖项10余项。科学技术是第一生产力，深谙这个道理的他一直在努力拼搏，他参与设计的“一种全速USB3.0接口隔离保护装置”申请了国家发明专利，参与设计的“一种项链式防儿童溺水自动报警系统”“一种电梯误开门的保护装置”

"一种电焊机空载自停电路"获得了国家实用新型专利，而且还有3项专利在审核中。

科学技术能推动社会发展的关键在于能够将理论知识运用于实际，从而改善人们的生活水平。为社会服务是体现一个当代大学生能力和道德修养的关键，就在去年暑假，江柳作为电子科技协会家电义务维修团队的骨干分子，先后在芜湖市丽城社区、铁桥社区、无为县同心社区开展家电"三下乡"义务维修活动，活动被光明网、《大江晚报》等媒体广泛报道。作为校级重点团队的一员，他发挥了很好的带头作用，在炎炎烈日下坚守岗位，热心服务。在暑假期间他们共维修电器160余件，开展科普宣讲活动2次，最终整个团队被评为"2014年大中专学生志愿者暑假'三下乡'社会实践活动优秀团队"。

过去不代表未来，在取得各方面成绩的同时，他也始终秉承着"没有最好，只有更好"的信念。进入安徽工程大学，是江柳人生中一个极为重要的阶段，在这几年中，他各方面都取得了巨大进步。在未来的生活中相信他将以百倍的信心和万分的努力去迎接更大的挑战，用汗水换取更美好的明天！

王立成

安徽工程大学

王立成，男，1993年生，安徽工程大学电气工程学院光电信息工程专业2012级本科生。学习优异，在2013—2014学年曾获国家奖学金。获2015全国大学生“西门子杯”挑战赛华东三赛区二等奖，2014全国大学生“西门子杯”挑战赛华东三赛区二等奖，2014全国大学生“西门子杯”挑战赛全国总决赛二等奖，并有2项实用新型专利。

时光匆匆，在大学的生活有痛苦，有欢乐，在这个过程中，王立成一直不断地挑战自己，充实自我。一进入大学，他就想通过参加课外活动来锻炼自我，找一些与自己专业相关和感兴趣的事情来做。自从听了本院的入学动员大会后，他对大学生电子科技协会产生了兴趣，而且这个协会需要通过考试才可以成为会员。因此，他课余时间去图书馆查阅各种跟电子元器件以及电路故障分析相关的书籍，经过一段时间学习后，初试过了，接下来就进行一系列的培训。他几度打算放弃，因为他对那些陌生的画图软件和编程软件一无所知，在心底只知道硬件就像人的躯体一样，软件就好比人的灵魂一样，两者是必不可少的。但在复试的过程中，他是幸运的，我只是私底卜学习了一下C语言编程及它的一些简单应用，结果就通过了复试。这对他既是一个惊喜，也是一个挑战。

在接下来的日子里，他每天晚上上完自习后都会带着电脑来到协会的工作室完成学长布置的任务。那个时候只是敲代码，跟着郭天祥编写的有关51单片机的那本书学习，从最初点亮LED，显示数码管再到LED以及时钟设计温度测量。在这个过程中，有时为了实现一个功能，每晚2个小时是不够的，特别是当自己的任务没有完成的时候，晚上回到宿舍满脑子都是代码。

他们需要自己找方向，自己根据自身的情况选择方向进行学习，这个阶段他们是最迷茫的，就像无所事事一样，之前的压力也就没有了，不过，这只是暂时的放松。当一个个的比赛来临的时候，每一天都是忙碌的，每一天也是充实而有意义的。通过各种比赛，发现自己的不足，同时不断地给自己充电。在学校举行第十届“瑞德杯”电子设计大赛时，在临近比赛结束的那段日子，实验室永远有人。他和他的队友共同制作的“智能交通灯”以及“旋转LED显示字幕”作品，无论是硬件的搭建还是软件的调试都是非常不易的，盯着电脑检查代码都需要好几个小时，是极其枯燥的，可是他们没有去抱怨，因为这是一种锻炼。

最有意义的事，是和队友们在课余时间进行义务家电维修和科普宣传活动以及给学弟、学妹们培训和辅导。每一次家电维修活动，都让他们将课本上学到的知识进行了检验，这不仅锻炼了合作意识和组织能力，同时也服务了他人。他在给低年级的同学培训和辅导的时候，感到骄傲的同时也感觉到了压力。骄傲的是自己也可以像老师那样传播知识了；有压力是生怕他们问的问题自己不知道如何解决，不过这个过程对他本身也是一种锻炼，这既可以认识到自己的不足之处，逼迫自己继续向前学习，也可以了解他人的思想，吸取别人的经验，共同学习，共同进步。

在大二暑假期间，他报名参加了全国大学生西门子工业自动化“挑战杯”的比赛。从什么都不懂到控制框架的搭建，以及程序的编写和代码的调试工作，他和队友们足足花了三个月的时间。在这期间，他们对各种方案进行了假设和反复的论证，最终找到最优的方案并施行，最终在华东三赛区取得二等奖的好成绩，并顺利进入了全国总决赛。后来，在队友们精心协调和不断改进的情况下，他们取得了全国赛区二等奖的优异成绩。他们紧接着又参加安徽省大学生电子设计大赛，经过三天四夜的奋战，依靠网络资源和平时积累的专业知识，成功按照比赛要求设计出了可控的电磁炮，最终他们的团队在安徽赛区获得了1项特等奖，2项一等奖的好成绩。这两个经历，让他们学会把专业知识运用到实践中，学会了团结合作，提高了个人办事能力和协调能力。

在这一年多的时间，从这个团队中，他学到了很多，同时也成长许多。更重要的是，明确了自己在大学应该干什么，将来成为一个怎样的人。

上大学以前，总以为大学没有压力，殊不知，大学并不是想象中的那么轻松和自在。他真真切切感受到大学犹如竞技场，大学扮演的角色只是一个平台，起到一个跳板的作用，锻炼他们“做人、做事、做学问”的本领，使他们的综合素质有一个质的飞跃。

在大学，他们不仅仅是学习教科书上的专业知识和相关基础理论课，更重要的是多参加一些课外实践活动、公益性活动、学科竞赛等。这些活动，便于提高自己处理事情的应变能力、人际交往能力、组织管理能力、动手能力，使得他们尽早地融入到复杂多变的社会中去，为自己的未来奠定一份基础。但在这些广泛的活动中，最重要的是找到自己的兴趣亦即是所谓的兴奋点，因为兴趣是你接下来继续学习、生活的动力源泉。一旦确定方向后，更需要凭借持之以恒的态度，顽强的毅力干下去。在处理一些棘手的问题时，切记不要闭门造车，一定要注重团队意识，相信自己的伙伴，相信自己的团队，通过请教他人或者寻求他人的帮助来解决问题，提高办事的效率和成功率。

无论是学习还是做事，都应该做到先博后渊，持之以恒，始终秉承“坐下来，静下心，钻进去”的信条。在学习上，应该注重培养自己独立思考和刻苦钻研的素养和谦虚求教的态度，上课认真听讲，课后积极复习和预习。在处理事情上，讲究效率和质量，做事情之前一定要做好准备，绝不含糊。在做人方面，应该怀有一颗仁爱之心，无论对待什么，都应该坦诚相待，做到明礼诚信，要有明辨是非的能力，始终心怀一颗赤子之心，与同道中人结为知己、朋友。

尤良震

安徽中医药大学

尤良震，男，1989年生，安徽中医药大学中西医结合基础专业2014级硕士研究生。曾任安徽中医药大学中西医结合临床学院学生会负责人，大学生健康知识宣讲团团长，班级团支部书记。他学习刻苦，成绩优异，连续多次综合测评年级排名第一。他组建科技创新团队，团队结合所学专业，发挥各自特长在社科管理与自然科学领域展开科学研究，成果显著，取得全国“挑战杯”大学生课外学术科技作品竞赛安徽省特等级、全国三等奖，全国中医药院校“远志杯”课外学术科技作品竞赛二等奖，并在省级以上科技创新竞赛中获奖8次，获得省级以上表彰12次，发表学术论文10篇、全国会议论文2篇。

尤良震立足专业、广泛调研，献计基层中医药发展。他带领团队，历时2年，开展了对安徽省城市社区中医药服务现状的调查研究。研究基于安徽省合肥市等7个专题调研地和亳州市等10个抽样调研地的调查，共发放问卷3 350份，收回有效问卷3 099份。其中专题调研地涉及14个城市行政区，332个社区卫生服务中心（站），600多户城市小区住户及社区附近人群聚集地，总计2 600余人，收回有效问卷2 415份。这项研究分析了城市社区中医药服务的网络建设情况、中医药服务人才保障情况、中医药服务群众基础情况、中医药适宜技术推广情况、中医药服务特色优势发挥情况等。研究结果显示，城市社区中医药服务水平较高、发展势头良好，在各方面取得了积极成果。但也存在影响城市社区中医药服务水平的诸多因素，他深层挖掘了城市社区中医药发展中的问题与不足，提出了有针对性的改进建议，为提升城市社区中医药服务能力提供详实的数据和可靠的依据。调研成果获得安徽省大中专学生暑期“三下乡”优秀调研课题一等奖，“远志杯”全国高等中医药院校大学生课外学术作品竞赛二等奖，“挑战杯”全国大学生课外学术作品竞赛三等奖、安徽省赛区特等奖。根据该调研结果，整理发表了社区中医药相关论文5篇。安徽省社科院、安徽省中医药管理局、安徽省科协对调研成果表示肯定，并对部分建议进行采纳。

尤良震与团队成员广泛阅读国内外文献，提出慢性阻塞性肺疾病（Chronic obstructive pulmonary disease，简称COPD）通气功能效应与下丘脑神经肽orexin的相关性问题，以COPD模型大鼠为研究对象：首先采用香烟烟雾和脂多糖（LPS）复合法建立COPD模型。然后选大鼠肺俞穴（BL13）和足三里穴（ST36）进行双侧电针。再利用放射免疫方法、荧光实时定量PCR、免疫组织化学方法检测相关指标，最后得出COPD模型大鼠延髓神经肽orexin受体表达增加针刺后下降，针刺改善模型大鼠肺通气功能，可能与其下调orexin受体有关。实验中，首次发现模型大鼠经电针治疗后，延髓OX受体的表达呈不同程度的下降，且以OX_2R表达下降显著，表明针刺可下调延髓OX受体的表达。研究成果获“远志杯”全国高等中医药院校大学生课外学术作品竞赛三等奖，“挑战杯”安徽省大学生课外学术作品竞赛三等奖。

尤良震在参与科技创新活动的同时不断地思考与实践，主动融入学校本科教育教学改革，成立大学生健康知识宣讲团。一方面，立足社区，以社区广大群众为对象，主要围绕中医药养生保健、慢病管理、药物合理使用、合理营养、食品安全、妇幼保健、传染病防治等模块开展健康宣讲；另一方面围绕宣讲专题开展宣讲实践专题研究活动，将健康宣讲与知识积累相结合、科普与科研相结合。本次实践成果显著，一方面组织公益健康知识宣讲20余次，收益人数近1 500人次，安徽中医药大学校网站、安徽教育网、《合肥晚报》、合肥电视台、蜀山教体网、舒城先锋网等媒体对本次健康知识宣讲活动进行了报道；另一方面带领宣讲团成员发表学术论文10余篇，论文写作与创新能力都有了较大提高。

尤良震与团队成员在解读国家关于产业结构转型升级政策的同时，随机走访了100多个中医药相关机构单位、企业、中药材基地等及附近人群聚集地，总计2 000余人次。同时，进行了相应的问卷调查和访谈，梳理了皖南中医药健康旅游发展现状，结果显示皖南中医药资源丰富，具有厚实的新安医学文化和一定的现代化中医药生产基础，消费市场良好，需求度较高，但缺少开发与引导机制，产业转型升级中受诸多障碍影响。团队基于皖南中医药健康旅游产业发展现状，探索中医药健康旅游产业转型升级的内在机制，分析了存在的问题及其成因并提出有针对性的对策。该调研对推进中医药发展管理体系和服务能力现代化有积极意义，为中医药健康旅游产业转型升级与卫生体制改革提供了依据，为政府决策提供参考和理论支撑。研究成果荣获“挑战杯”安徽省大学生课外学术作品竞赛三等奖，并发表学术论文1篇。

赵菊梅

安徽中医药大学

赵菊梅，女，1993年生，安徽中医药大学药学院药物制剂专业2012级本科生。曾荣获校“诚信杯”辩论赛二等奖，校“挑战杯”课外学术竞赛铜奖，校“挑战杯”创新创业大赛银奖，“挑战杯”创新创业计划竞赛安徽省金奖；“挑战杯”创新创业计划竞赛国家级铜奖。

她政治上积极要求进步，主动向党组织靠拢，自从踏入大学校园开始，该生时刻严格要求自己，一直拥护党的路线、方针、政策，思想品德端正，崇尚科学，遵守法纪，具有强烈的社会责任感和成才意识，平时生活中乐于助人、关心集体、团结同学，在同学中有较高的威信。

赵菊梅带着对大学生活的向往和热情，积极参加学校和班级活动，大学一开学就加入了校学生团体联合会，帮助和策划社团间的活动，拉近社团间的关系。她更是华佗爱心社的一员，在社区参加帮助孤寡老人的行动，并在社庆担任主持人。在大一初期参与了学校的创新创业项目，所负责的项目被国家立项。大二暑假参与“暑期三下乡”活动，帮助农民了解药品的一些常识问题。大三期间帮助班级同学开展创新创业活动，经常鼓励、指导同学，受到老师和同学们的认可。

作为一名学生，赵菊梅始终牢记“学习永远是主题”，所以从来没有忘记自己在大学的信念，从来不把工作忙作为放松学业的借口，更没有停下过奋斗的脚步。自2012年入学以来，她先后获得多种奖励。在学习理论知识的同时，她还积极参加各种考试提升自身的能力。在2014年自学通过了国家公共营养师四级的考试。

赵菊梅是个积极乐观的女孩，工作中严肃认真，学习时一丝不苟，她的生活也是丰富多彩。繁忙的工作学习并没有影响她享受生活的乐趣。课余时间她积极参加各种活动，并获得多种荣誉。

理论学习固然重要，但是赵菊梅深知只有理论和实践相结合，才能事半功倍。她积极参加各种社会实践活动来锻炼自己。

尽管赵菊梅之前取得了些许成绩，但是她知道人不能固步自封，要百尺竿头更进一步，研究生学习即将开始，需要更加努力，取他人之长，补己之短。努力学习，在向往的大学生活中始终让自己的精神站立，不断地追求，不断地完善自我，品味着生活的苦与乐，微笑地向前。她一直努力做到：回首昨天，应该是问心无愧的；面对今天，应该是倍加珍惜的；展望明天，应该是信心百倍的。把握生命里的每一天，创造更多的奇迹！

郑 汉

安徽中医药大学

郑汉，男，1990年生，安徽中医药大学中药学专业2014级硕士研究生。曾荣获安徽省“挑战杯”创业计划竞赛铜奖；全国“挑战杯”课外学术作品竞赛三等奖；“远志杯”全国中医药类院校学科竞赛三等奖；安徽省“挑战杯”课外学术作品竞赛一等奖；校“挑战杯”“便携式植物标本烘干箱”项目获一等奖；校挑战杯“新藤黄酸冻干粉针”项目获一等奖；并有专利5项，3项为第一发明人，2项为第二发明人。

郑汉同学在校期间，积极参与科研活动。大二尹始，便在辅导员的引导下，开始接触科研。第一个课题是新藤黄酸囊泡冻干粉的制备关键技术研究。第一次独立做实验，既好奇又紧张。每台仪器都价值不菲，生怕由于操作不当而导致仪器损坏或实验失败，但又想去了解它是做什么的，怎么做的，能得到什么样的结果等。抱着这种心态他开始了实验，从样品研磨、溶解、旋蒸、提取分离到制剂都是独立完成，偶尔也学着师兄师姐一样，在必要的时候通宵达旦。后来，真正进入了角色，收获了很多，也培养了科研的思维，为之后科技创新活动打下了很好的基础。

植物标本快速定型干燥装置这一发明的灵感是来源于第四次全国中药资源普查的过程。每天采集的药材标本数量非常大，若不及时干燥处理，在炎热的夏季很容易发霉、腐败，所以急需一种能使植物标本快速定型与干燥一次完成的装置。于是，他申请了国家级创新创业项目和学校的“挑战杯”项目。项目的过程并非想象的那样简单，他们小组从刚开始的无从下手和一筹莫展，到后来的目标明确、方案清晰，这其中有很多辛劳和汗水，同时也有很多收获，其中的经验和成长只有经历过的人才会分享和拥有。

从准备项目到项目结题，历时一年，从校级奖一直拿到国家奖，期间申报了3项专利。其实在研发过程中，他最深的体会就是要勤于思考，主动动手动脑。科研项目并非基础课上做的实验，只要按着老师讲的步骤做就行了。做的课题对于他们来说，可能是一个没有接触过的新领域，没有人告诉他们下一步该怎么做。这就需要自己去找文献查资料，去弄明白实验的原理，然后确定要创新的方向，按照这个方向一点点努力。所以每一步都需要独立思考，其中会遇到很多困难，这个时候除了寻找帮助，最重要的还是自己思考。开始的时候，他们急于求成，凭着自己的想象在实验室里画图，闭门造车，结果很长一段时间一事无成，没有一点可行性。后来他们听了老师的建议，开始稳定心态，按部就班地来，先查阅文献资料，弄明白其中原理，再勤于思考，在文献资料中获得有用的信息，得到启发，然后再运用到自己研究的项目中，灵活运用。

在知识学习上，他们认识到光靠学习书本知识是不够的，真正要动手做一个产品，它需要各个方面的知识，而且实验和理论还会有一定差距。在实验中，才会发现有些理论知识对实际问题解决的作用有限，有时要靠经验以及不断地摸索去解决。

在创新方面，首先要明确一个方向和目标，方向和目标是贯穿整个项目的核心，只有明确方向，围绕这个方向努力下去，才可能有结果。创新点可以从很多方面着手，不一定要很高深、很前沿的东西，但一定要实用并与众不同。有时候，创新的思维可能停滞不前，这时候不要急着放弃，要试着换一个角度思考，发散思维，多方位考虑，作出大胆猜想，这时候你也许就会有一种“柳暗花明又一村”的感觉。

在项目研究过程中，他深深感受到团队合作的重要性和必要性，同时也学到了很多东西，在一定程度上提高了他的学习和创新能力。

张 宇

安徽建筑大学

张宇，男，1992年生，安徽建筑大学建筑环境与设备工程专业2012级本科生。该同学思想觉悟高、道德品质好，学习勤奋、积极参加社会实践与文明创建活动，各方面尤其是在科技创新方面表现突出。曾荣获第八届中国制冷空调行业大学生科技竞赛三等奖、第九届中国制冷空调行业大学生科技竞赛三等奖、第六届“挑战杯”安徽省大学生课外学术科技作品竞赛作品二等奖等多个奖项。

在安徽建筑大学的每一年，他始终要求自己保持积极向上的心态，时时刻刻以一个合格甚至优秀的大学生的标准来要求自己，努力使自己做到全面发展，成为一个高素质的大学生。三年的大学生活，他也始终坚持着一个信念：对工作脚踏实地、真抓实干；对科学实验认真钻研、永不言弃；对社会真诚奉献、不计名利。正是拥有这份热情，他从未放弃对学习的热爱，在实验研究中勇于创新。在忙碌而又充实的大学生活中，他一路学习、探索，也在各类科技竞赛中不停地努力向前，收获知识，收获技能，收获做人的美德与修养。

在人才济济的大学校园中，张宇始终信守“我不是最好的，但一定要努力做得比昨天的我更好”的青春箴言。在王海涛、陶勇、朱志伟、李悦敏、李雪飞、潘法康、唐义、马进伟、程海峰、王晏平、胡宁等多位老师的悉心指导下，再加上他自己的潜心研究，“功夫不负有心人”，他在大学这几年多次参与各类科技竞赛，收获颇丰。“胜不骄，败不馁”，这是张宇始终信奉的警句。他一直努力地做实验，研究、创新，不断突破自我。创新是一个民族进步的灵魂，是国家兴旺发达的不竭动力。他尝试创新，他坚持创新，并一直在创新创意这条道路上不断超越自己。

在大学学习和生活中，张宇锻炼了较强的动手能力和实践操作能力，具备较强的分析能力；多年的团队合作培养了他勤恳踏实的工作作风。创新实验室不仅丰富了他的课外生活，使他的思维更为活跃，视野更为开阔，还培养了与他人和谐相处的良好处事态度。

2014年，在王海涛老师的启发和指导下，以专业导论的课程教学的结课作业为出发点，张宇突发奇想，对400年前法国工程师利用太阳能抽水的实验产生浓厚的兴趣，随后经过2个多月时间查阅大量文献资料，学习水泵方面理论知识，并经常在实验室待到深夜，潜心研究，熬过了50多个日日夜夜后，终于取得了一定的进步，提出直膨式太阳能热力水泵的构想，得到了指导老师的肯定。于2个月后向国家专利局提出自己的专利申请，目前正在实质审查阶段。该发明可以在不消耗电能或者其他化石能源的情况下抽取地下水，同时循环利用，达到使用目的，整个抽水过程中不产生任何污染，节能环保，更加有效地解决干旱地区灌溉问题。这是一次十分难得的探索经历，不仅是其在科技发明创造方面的一次突破，也更加坚定了他在科技创新这条路上可以越走越远的信心。

创新，一个如此简单的词汇，实际上却蕴含了巨大的能量和动力。在他看来，创新不仅仅代表着思维角度的新颖，也意味着去实践这种新想法的强大执行力。二者兼备，就一定会有所收获。

从大一入学开始，他便萌生了参加大学生创新创业项目的想法，为了目标不断前行，3年间参加了8项大学生科技创新项目研究，其中“微生物对于富营养化水体生物修复作用的研究”“固定化微生物技术对于污染水体脱氮的研究”“合肥市燃气管道运行安全问题的研究”“露天开采矿山生态重建对策研究——以安徽铜陵某矿山为例”“高架线性交通噪声时空分布规律及其影响研究”“大学生网络生活状况及特点规律研究”等6个项目已经在指导老师的帮助下结题。目前，他正在继续自己的大学生创新项目之路，准备在“合肥市高压天然气管线事故工况抢维修方案优化”“太阳能—空气源热泵热回收复合系统”2个项目中有所突破。

做什么事都不是一帆风顺的，科技路上他也有过想放弃的念头。以“合肥市燃气管道运行安全问题的研究”项目为例，经历了多次的失败和调查过程中遇到的闭门羹曾让他想过放弃，但是最终还是坚持下来了，也实现了问题研究价值的实现，不仅增强了信心，也学会了在逆境中成长。再比如，做微生物水体创新实验往往需要投入大量的时间，这经常会与大学课程相冲突，把握好时间的分配，是他继续前进的前提。在经历多次的失败后，逐渐改善了看待成败的心态：这些参赛经历给了他与其他创新爱好和实践者交流的机会，不仅让他学习了其他人的优点，通过比赛中的竞争对比，也让他看到了自己的不足，期待通过进一步努力改正自己的缺点，提高创新实践能力。

在2年多的创新经历中，让他明白学习的过程是充满挫折与喜悦的。在这诸多的挫折和失败面前，多少次的叹息，多少次的失望，但是叹息失望转瞬即逝，取而代之的是坚持！在这一系列丰富多彩的创新项目中，指导老师和学长们的指导和帮助为他及时消除了疑惑；与队友们一起探索奋斗的日子更是让他收获了宝贵的兄弟情谊。同时，他的想象力和创造力得到了培养，动手和实践能力也得到了锻炼。在自学和研究的过程中，养成了勤思考、多探索的好习惯。科技创新活动真的带给了他太多太多难得的经历，让他收获了大学三年中最为宝贵的财富。

社会实践是大学生进行社会活动，走向社会、了解社会、服务社会、立足社会的重要途径，对于促进大学生全面成长、成才发挥了课堂教学无法替代的作用。张宇同学积极参加大学生社会实践活动，如安徽省万名大学生“三下乡”系列活动，安徽省黄山市宏村地区“三下乡”考研调查，以及各类志愿服务项目，并获得多项荣誉称号。

世界上没有伟大的人，只有普通人迎接的巨大挑战。挑战让生命充满乐趣，完成挑战让生命充满意义。生命中的挑战并不是要让你陷于停顿，而是要帮助你发现自我，一次挑战就是向自己和他人证明你能力的一次机会。张宇将会一如既往地在生活和学习中磨炼自己，在以后的工作中脚踏实地地，不断提高自己，在将来的人生之路上会继续带着这份踏实的人生态度走下去，用自己的双手创造更辉煌的人生！

方琼

安庆师范学院

方琼，女，1993年生，安庆师范学院环境工程专业2012级本科生。该同学品学兼优，多次荣获国家励志奖学金和“三好学生标兵”称号，并在第六届“挑战杯·中国联通”安徽省大学生课外学术科技作品竞赛中荣获省一等奖。

随着城镇化进程的加快发展，越来越多的城市河流出现富营养化现象，严重影响城市河流的生态、景观、水资源利用等功能的发挥。水体富营养化主要治理途径大致可归纳为物理法、化学法和生物修复法以及综合两种或两种以上方法的复合方法。在城市河流中，往往存在驳岸硬质化且河道相对狭窄的特点，使得河滨带修复及直接栽种水生植被存在先天缺陷，生态浮床技术因而成为城市河流治理中应用最为广泛的修复治理技术。在生活中，我们常常见到的治理河流污染的生物浮床大多是美人蕉、香蒲、水浮莲、水芹、空心菜等草本植物，而草本植物普遍存在生长周期短、季节性明显、日常管理繁琐、需每年重植的缺点，限制了生物浮床技术在城市河流污染治理中的应用。一种新式的、管理简便、不需每年重植的生物浮床技术亟待开发。她的团队通过查阅相关资料得知，木本生物具备管理方便、维护成本低、生长周期长的优点。由此团队其中几名成员想起自己曾经见过河边柳树的落枝在河中仍能存活良好，便提出用柳树作为浮床材料的设想。

通过环境科学与工程专业课的学习，她们了解到河流富营养化现象最关键的原因之一是河水中厌氧环境突出，在大量富含有机质的废水排入城市河流后，水体微生物开始快速生长，在好氧菌的作用下，水体中溶解氧被大量消耗，鱼虾大量死亡。同时，厌氧环境使得水体正常氧化过程受阻，水体中氨氮大量累计，氨气、硫化氢等气体大量排放，造成水体恶臭。因此，城市河流水污染治理的关键是对水体进行复氧，即通过增加曝气装置对水体复氧从而改变水体厌氧的环境。目前，广泛应用的曝气技术大多为水体推流曝气，普遍存在去污能力有限的缺点。虽然底泥曝气技术治污效果更高，但也存在高能耗，对水体扰动大，导致水体浑浊的缺点，而且投入成本较大，难以实际应用。随着当今太阳能、风能发电技术的日臻成熟，她们团队想到了构建风光互补发电系统来驱动底泥曝气装置的方法。采用该方法进行底泥曝气有以下三个方面优势：首先，不仅能实现水体复氧，还可改变底泥的厌氧环境，增加活性淤泥厚度，从而更加高效地实现水体净化；其次，底泥曝气能促进底泥中营养盐再悬浮，这样不仅能促进生物浮床的生长，还可加速浮床根系及根系微生物对水体营养盐的吸收；第三，采用风光互补发电能实现零能耗，更加生态环保。

于是她们团队成员结合木本生物浮床技术和风光互补发电驱动底泥曝气技术，构建起了曝气复合木本生物浮床系统，并应用到模拟实验中。通过风光互补发电技术给蓄电池充电，驱动鼓风机给底泥进行曝气，同时在水面曝气区构建一定面积的生物浮床，消除底泥曝气对水体扰动大的缺陷。团队成员经过连续一个多月的实验观察和对水中营养盐、含氧量的数据进行监测，监测结果如下。经过32天的实验之后，水质指标分别为NH_4^+-N：0.52 mg/L，TN：1.07 mg/L，TP：0.02 mg/L。参照GB3838-2002标准，水质为Ⅱ到Ⅲ类，柳树编织浮床水质净化效果非常明显。

本研究水体中的NH_4^+-N占TN的91.37%，通过查阅文献其与城市河流的厌氧环境有关。因此，NH_4^+-N的去除是本研究中N去除的主要部分。尽管对照组和实验组在实验结束时氨氮含量相同，但实验初始阶段实验组氨氮下降速度明显快于对照组，考虑到中试模拟实验对水体DO环境的改变，实验组具有更显著的氨氮去除效果。从NO_3^--N、NO_2^--N浓度来看，实验组硝氮呈下降趋势，亚硝氮先升后降，而对照组硝氮亚硝氮均显著上升。这说明实验组氨氧化反应和反硝化作用处于平衡的状态，而对照组无疑以氨氧化反应为主。从磷浓度来看，实验组水体中TP和PO_4^{3-}-P浓度分别降低了97.99%和97.70%，对照组分别下降62.99%和62.33%，柳树编织浮床P去除效果显著。因此初步得出运用底泥曝气复合木本生物浮床技术能较好地治理城市河流污染的结论。

简而言之，她们产品的主要创新点有三处：一是开发出一种全新的木本生物浮床，克服传统生物浮床季节性明显、日常管理不便、需每年重植的缺点；二是构建风光互补发电系统驱动底泥曝气装置，在对水体复氧改变底泥厌氧环境，增加活性淤泥厚度，实现高效净化水体的同时，克服底泥曝气高能耗的缺陷；三是结合了木本生物浮床和风光互补发电驱动底泥曝气技术，构建底泥曝气复合木本生物浮床系统，通过浮床可以消除底泥曝气对水体扰动大的缺点，同时底泥曝气亦可促进浮床生长，加速植物根系微生物对水体营养盐的吸收。

张悦

安庆师范学院

张悦，男，1996年生，安庆师范学院生命科学学院生物技术专业2013级本科生。曾荣获第六届“挑战杯”安徽省大学生课外学术科技作品竞赛一等奖；“大业茗丰杯”2015中国（安徽）大学生茶文化创新大赛一等奖；“大业茗丰杯”2015中国（安徽）大学生茶文化创新大赛创新作品奖；并获得多项奖学金。

他的团队作品《黄山贡菊香气成分调控害虫天敌的功效研究》在第六届“挑战杯”安徽省大学生课外学术科技作品竞赛中荣获一等奖。本研究首先利用“Y”形嗅觉仪测定斜纹夜蛾优势天敌斜纹夜蛾侧沟茧蜂对健康贡菊和虫害贡菊的选择反应，后通过动态顶空吸附法分别提取健康和虫害贡菊的香气成分，利用气质联用仪定量分析贡菊香气成分，再利用四臂嗅觉仪测定茧蜂对上述香气成分的行为反应，筛选引诱天敌的活性物质，结合昆虫的趋色性，研制天敌引诱装置并进行田间试验。通过测试天敌引诱装置对斜纹夜蛾种群的制约作用，评价黄山贡菊香气成分对害虫天敌的诱集功效。

为防御植食性昆虫的危害，虫害植物释放虫害诱导产生的挥发性化合物(herbivore-induced plant volatiles，HIPVs)。作为“求救”信号的挥发物通过引诱捕食性或寄生性天敌，间接防御害虫，这类HIPVs又被称为互利素。近年来，HIPVs一直是化学生态学领域“植物—植食性昆虫—天敌”三级营养关系研究中的热点，是天敌通过嗅觉感受器搜寻植食性昆虫的媒介物，在捕食性天敌、寄生性天敌的定位、捕食或寄生行为中起着关键性作用。还有研究发现，害虫产卵器刺伤植物组织之后，诱导植物产生的挥发物同样可以在卵寄生蜂的寄主定位过程中起重要作用，引诱这类寄生蜂寻觅寄主昆虫的卵，再将卵产于害虫卵内。但是，目前很多研究还是以室内实验为主，通过行为测定、触角电位或气相色谱与触角电位联用等技术，验证HIPVs作为互利素的作用。基于室内研究结果，如何在田间有效利用人工合成的HIPVs作为信号分子引诱天敌，以强化生物防治在农业害虫治理中的应用，是广大科研人员需要着力解决的问题。与昆虫信息素相比，植物信息素（尤其是HIPVs）具有种类多、挥发量大、持续时间久且作用距离长的特点。如何从HIPVs中筛选出引诱天敌的互利素组合（混合物的最佳配比是多少）是研究的关键点之一。

在生态系统中，“植物—植食性昆虫—天敌”三级营养之间通过化学信息相互作用，组成了自然界复杂的食物链和食物网。植物释放挥发物对第三营养产生影响，进而直接作用于第二营养级。近年来的研究表明，人工合成的植物挥发物主要包括萜烯类、绿叶挥发物和芳香化合物，这些挥发物的田间应用能增加天敌的停留时间和丰富度，同时肯定了植物挥发物制剂作为生物防治途径的应用潜能。

长期使用化学农药产生的害虫抗药性和农残超标、环境污染等问题日益突出。国内外研究表明，害虫天敌通过虫害植物释放的香气化合物定位昆虫，可见利用植物香气成分引诱天敌从而制约害虫是切实可行的。本研究通过提取并分析鉴定健康和虫害贡菊的香气成分，筛选出引诱天敌的活性物质，研制天敌诱集器。本研究率先在国内通过诱集茧蜂制约斜纹夜蛾种群数量，达到以虫治虫的生物防治效果，为黄山贡菊的生态保护开辟了一条绿色途径。

合理有效地利用贡菊释放的香气成分可作为调控天敌、制约害虫的重要手段。植物香气诱集器具有微量、高效、无污染等优点，有利于农业害虫的可持续防治。目前已与黄山市歙县富堨镇人民政府等单位合作进行香气诱集器应用试验，诱集茧蜂效果良好，使斜纹夜蛾种群数量大大降低，达到了生物防治水平。该研究解决了化学防治中的农残超标和环境污染等问题，为农业害虫防治开辟了一条新途径，在未来农业害虫的综合治理中具有广阔的应用前景。

安徽是农业资源大省，同时也是全国产茶大省，茶业是安徽省确定重点发展的农业产业化十大主导产业之一。他们的作品《基于微信平台的徽茶微网站建设——“互联网+”时代徽茶文化的传播方案》一方面将茶产业与茶文化结合，弘扬了徽茶文化，推广了徽茶知识，提升了徽茶品牌，促进了徽茶的产业发展；另一方面在“O2O”电子商务模式日益发展的现在，网络消费模式备受大众青睐。他们的创新作品是“互联网+”时代对徽茶商业最好的宣传和营销手段。

除上述创新作品外，他们的现场茶艺表演也创新性地将安庆本地特色茶“岳西翠兰”与地方戏曲“黄梅戏”相结合，在传统茶道中融入黄梅戏元素，通过日常生活中娘子为相公泡茶的场景，体现安庆淳朴的民风。团队大胆创新，将茶艺、黄梅戏与书法三大中国特色传统相结合，有静有动，有声有色，弘扬了徽茶文化，宣传了安庆本地的特色茶种“岳西翠兰”。

毕文杰

合肥师范学院

毕文杰，男，1991年生，合肥师范学院化学师范专业2013级本科生。在校期间先后获得国家实用新型专利（第一设计人）3项；发表专业学术论文（英文）1篇（第一作者，SCI收录）；获2015年安徽省“万方数据杯”文献检索大赛二等奖；获第五届“挑战杯·中国联通”安徽省大学生课外学术科技作品竞赛二等奖；获第七届安徽省大学生职业生涯规划设计大赛暨大学生创业大赛安徽省大学生创业之星银奖；获第五届“挑战杯”合锻股份安徽省大学生创业计划竞赛优秀奖；获合肥师范学院第四届“创新杯”实验技能大赛一等奖。

毕文杰从大一开始，便利用课余时间投身于科技创新之中，并取得了优异的成绩。

他申请了国家实用新型专利“一种温度可控并显示酸度的新型滴定管”。该实用新型专利公开了一种温度可控并显示酸度的新型滴定管，包括：滴定管主体，滴定管主体的外侧设有保温夹套，滴定管主体上设有温度传感器和pH传感器；所述保温夹套与滴定管主体之间形成有保温腔，保温夹套的上部设有保温液出口，保温夹套的下方设有保温液进口；所述温度传感器和pH传感器位于滴定管主体下方的出液口处，滴定管主体的出液口处设有控制阀。本实用新型专利是一种能有效控制滴定剂的温度并实时显示酸碱度的新型滴定管，且结构简单、操作方便、成本低廉、准确度高。

他申请了国家实用新型专利“一种新型滴定装置”。本实用新型专利涉及一种新型滴定装置，包括磨口滴定管和磨口锥形瓶，以及球形连接管，所述球形连接管上端开口与磨口滴定管的出液口无缝连接，球形连接管的旁侧通过玻璃管与磨口滴定管的刻度线以上部位连接为一体结构，所述球形连接管的下端开口无缝连接有与磨口锥形瓶口径相匹配的中空的下端磨口活塞，所述下端磨口活塞与磨口锥形瓶采用无缝插拔式连接；所述磨口滴定管的进液口处还设有用于密封磨口滴定管进液口的上端磨口活塞。本装置保证了滴定过程在密闭环境下进行，避免了滴定剂溶液、被滴定物质的溶液和滴定指示剂与空气发生作用，使滴定结果更为准确。

他还以1，10-邻菲啰啉和N_3^-为配体与二价过渡金属镍离子反应合成了一种新型配合物$[Ni(phen)_2(N_3)_2]$，并采用红外及X-单晶衍射方法对其进行表征。该晶体为三斜晶系中的P-1点群结构。在该晶体的分子中，二价镍离子是六配位，并且处于扭曲的八面体配体场中。该晶体在英国剑桥国际晶体数据中心认证的编号为：CCDC No. 937456。

众所周知，加液和分液是化学化工、生物科学以及医药等领域常用的一项基本操作。然而，传统漏斗在使用过程中存在诸多的弊端，比如说溶质的溶解度随温度变化影响较大时，一旦温度降低，固态物质易析出堵塞漏斗等。他们利用恒压、传热原理设计出两种漏斗能够实时调温并控制滴加量的装置，解决了传统漏斗在使用中的不足。

随着现代工业的高速发展，我国一直比较稀缺的贵重金属资源愈加匮乏，而银是应用领域最多的金属。因此，回收工业废弃物中的银具有重要的经济意义和战略意义。世界卫生组织发现银对人和环境的危害往往是持久的，不易消退的。因此，回收工业废弃物中银的工作对于促进资源的可持续利用、保护生态环境也具有重要的意义。

倪　平

皖西学院

倪平，男，1995年生，皖西学院高分子材料与工程专业2012级本科生。倪平积极参加省、市及学校各种创新比赛，努力开阔创新思维。在科技创新方面，申请了多项国家实用新型专利，现有7项专利已经授权。主持学院研究性学习顺利结项并荣获校级三等奖；参加皖西学院第二届课外作品竞赛荣获校级二等奖；参加第五届安徽省大学生电子商务“创新、创意及创业”挑战赛荣获校级一等奖、省级三等奖。

他始终坚信“宝剑锋从磨砺出，梅花香自苦寒来”。经过3年的大学生活，在新的家庭经济困难学生资助政策体系的资助下，在校、院领导及各位老师的悉心关怀、孜孜教诲下，在同学们的无私帮助下，无论是思想工作上还是学习生活上他都取得了很大的进步。他在人生的成长道路上逐渐成熟，同时培养了他脚踏实地、刻苦钻研的学习工作态度，使其对人生有了更加执着的追求和信心！

在思想方面，他健康向上、积极进取，不断提高理论修养和政治觉悟，努力成为思想上的先锋者。大学伊始，他就提交入党申请书，2014年12月光荣成为一名中共预备党员。作为一名中共预备党员，他思想上始终要求进步，树立了远大目标和崇高志向，坚定社会主义信念；在各个方面充分发挥了党员的先进性作用。他深知党的宗旨是全心全意为人民服务，时刻谨记这一宗旨，时刻以一名优秀党员的标准要求自己。

在工作方面，作为一名学生干部，他勤恳任劳、踏实肯干，不断提高组织能力和管理水平，成为工作上的榜样。在工作中他积极创新，让同学们在学习之余收获了许多实践经验，受到了学校老师和学院领导的一致好评。在学生干部的工作中，他学会了很多，成长了很多。他是一个对自己要求很高的人，同时他在工作方面有耐心、责任心和信心。对待工作，他要求自己认真地做好每一步，争取各项工作取得圆满成功。

在学习方面，他从不放松自己，专业成绩名列前茅。他始终以端正的学习态度，不断改进学习方法，养成良好的学习习惯，提高学习能力，刻苦认真，勤勉苦练，广泛涉猎，博览群书，在学习上硕果累累。在大学这3年的时间里，课内学习方面专业成绩一直名列前茅，荣获“国家励志奖学金”“国家奖学金”和校级“三好学生”、皖西学院2014年“大学生年度人物”等称号。他已建立了较为科学、合理的知识结构体系，科学文化素质特别是专业素质显著提高，在以后的学习生涯中，他会更加刻苦学习，争取取得更大的进步！因为他深信有梦想就有希望，有心就能够飞翔。作为当代大学生，他将正确对待就业带来的各种压力，努力学习各方面的知识，提高自己的就业能力。

在科技创新方面，他认为作为当代大学生必须具有创新精神，所以他积极参加省、市和学校各种创新比赛，努力开阔自己的创新思维，使自己得以提高，参加皖西学院举办的“创业模拟实训”以优异成绩毕业并获合格证书。在科技创新方面，他申请了多项国家实用新型专利，现有7项专利已经授权并下发证书，主持学院研究性学习顺利结项并荣获校级三等奖，参加皖西学院第二届课外作品竞赛荣获校级二等奖，参加第五届安徽省大学生电子商务“创新、创意及创业”挑战赛荣获校级一等奖、省级三等奖。他深知成绩只能代表过去，在未来的学习道路上，他将继续以创新的精神迎接各种挑战和比赛，让自己的思维有更大的发展。

在生活方面，他艰苦奋斗、勤俭自强，不断提高自立能力和道德品格，成为生活上的典范。作为一名来自农村普通家庭的大学生，家庭经济的不富裕使他特别注意节约，做到勤俭朴素。生活上厉行节约，从不浪费。他利用课余时间，做家教、发传单、干促销，勤工俭学，自立自强，至今已为家里节省不少开支，大大减轻了家庭的经济负担。虽家庭条件不富裕，但对有困难的同学，他毫不犹豫地伸出援助之手。他待人热情，坦诚友善，乐于助人，还积极主动地与老师沟通，做同学与老师的纽带和桥梁。因此，他与同学和老师都建立了良好的人际关系，群众基础良好。同时，他还积极参加学校、学院组织的各项活动，并取得优异的成绩。他认为参加活动的目的就是锻炼自己，让自己在生活中渐渐地成熟起来。

“雄关漫道真如铁，而今迈步从头越”。他将以此次参评“创新之星”为契机，站在新的起点上，倍加刻苦努力，倍加创新进取，倍加艰辛拼搏，继续发扬“厚德尚能、博学创新”的精神，不断谱写更加绚烂多彩的青春华章，在发展中国特色社会主义的生动实践中唱响无愧于时代、无愧于人民的青春之歌。

李川

皖西学院

李川，男，1993年生，皖西学院电信专业2012级本科生。在校期间，学习刻苦，态度端正。参加安徽省电子设计大赛，他从中学到很多，结合自身所学的专业课知识，归纳总结，进行创新，申请了2项专利并都成功授权；还承担专业课老师的子项目“一种高频超声波驱动电路的设计”，并以此获得2014—2015年度研究性学习一等奖。凭借优异的专业文化课成绩和创新意识，于2014年度中获得“中国电信奖学金·飞young奖”。

在班级中，他担任学习委员兼教学信息员，积极服务班级教学，并努力使自己成为老师与同学之间沟通的桥梁。在每学期期末，他会主动为大家搜集、整理复习资料，并开展四、六级模拟考试。因为开朗的性格，他和大家很快融为一体。

他在思想上积极进取，于2013年12月被党接纳为预备党员，于2014年12月按期转正，目前他已经成为一名光荣的党员。他坚持正确的政治方向，拥护党的政策，树立为人民服务的宗旨。

以下是他在大学期间获得过的奖励与荣誉：

2012—2013秋学期：“校园十佳歌手”优秀奖，“卡拉OK大赛”二等奖，皖西学院“魅力新生主持秀”一等奖，“新生主持人大赛”二等奖，“书香陪我行”活动三等奖；

2012—2013春学期：“电子产品知识竞赛”一等奖，“电子产品组装大赛”三等奖；“优秀团员”荣誉称号；

2013—2014秋学期：一等优秀学生奖学金，“第一届皖西学院课外科技作品设计大赛”二等奖，“优秀信息员”荣誉称号；

2013—2014春学期："三好学生"荣誉称号；

2014—2015秋学期：一等优秀学生奖学金；"2014安徽省电子设计大赛"参与奖；"优秀信息员"荣誉称号；

2014—2015春学期："中国电信奖学金·飞young奖"。

程华松

合肥学院

程华松，男，1993年生，合肥学院通信工程专业2012级本科生。该同学品学兼优，在校期间带领同学们参加科技创新比赛，获得省级以上奖项46项，国家级以上奖项25项；所在协会获得全国高校优秀社团、校六大品牌社团等荣誉称号。

生长在大山里的程华松，从小就深知那些科技产品来自大山的外面，便一心认真读书，只为有朝一日走出大山，投入科技的怀抱。在初中和高中，所能接触的科技除了身边的少得可怜的日常生活产品之外，只能来自书本了。但是，每当拿到一本科技类的书本或者看到一篇有关的文章时仍为之兴奋不已。

进了大学，才真正意义上接触了那个叫做科技的东西，第一志愿第一专业报了通信工程专业。

在大学，这里有专业的实验室，有先进的实验仪器和器件，有技术高超的老师指导。他深知这些条件来之不易，便更加珍惜。因此，大一开始，他在认真学习基础知识的同时努力去了解有关科技类知识，主要针对电子信息与电气工程类，积极参加学校举办的多种科普创新活动，如科技节等，为以后的专业学习和发展奠定基础，厚积而薄发。

在把握自己专业科技方向的同时，学习其他科技知识，比如办公软件、图片处理软件Photoshop、视频处理软件等，培养了自己的科学兴趣。大一时参加考试，取得国家级办公自动化工程师证书。

大二期间，他参加了第十三届“挑战杯”全国大学生课外学术科技作品竞赛和全国大学生电子设计竞赛。经过学校的宣传之后，了解了“挑战杯”

和电子设计比赛的科技含量，并投身其中。这明确了他日后的学习方向，让他找到了自己的定位、找到了自己的兴趣，成了日后他在科技创新领域的引子。自那之后他对电子技术的热情便一发不可收拾。

那段时间，他将电脑搬进了系里的创新实验室，在那里疯狂地学习电子技术知识，那时真的可谓“疯狂”。每天除了上课、吃饭、睡觉的时间，其他时间都在实验室学习、做实验。因为他苛刻地要求自己当天的事当天完成。即使熬夜第二天他还是会来到实验室去学、去啃那本厚厚的《单片机C语言教程》。一个发光二极管的点亮、一个继电器的吸合、一个屏幕的显示等都能让他像入了迷一样。整个大二下学期的生活可以说就是那么过去的，喜爱的篮球他没有摸过、同学聚会缺席过、春游活动没参加过，所有的娱乐活动都在那学期停止了。

在参加“挑战杯”全国大学生课外学术科技作品竞赛时，真正感受到了科技的魅力。一开始从院赛选拔，到省赛竞技，最后到国家赛，一路走来，付出了许多，收获了许多。尤其是进入国赛，感受到了来自全国各地的科技创新水平，与清华大学、电子科技大学等高校的研究生、本科生同台竞技，深深感受到了自己的不足之处，同时坚定了自己的前进方向，比赛回来后，重新确立了自己的目标。

与此同时，全国大学生电子设计竞赛也展开了，他从院赛进入省赛，期间参加了2013年的暑期电子设计竞赛培训。每天早上六点起床，吃过早饭后立马赶到实验室，进行当天的电子产品设计任务，然后中午时间稍微在实验室午休几十分钟便投入到任务当中，晚上基本要干到十点，甚至有入迷的时候，通宵进行电子作品的设计调试工作。那一段时间真是废寝忘食，对电子设计的痴迷，也让他的能力得到大幅提升，为以后的科技工作奠定了坚实的基础。

随着对系里第二课堂活动、创新实验室了解的深入，他对校级品牌社团电子爱好者协会的热情逐渐高涨，协会成了他大学生活里不可缺少的一部分。“老师引导，学生传承”的理念在他的脑海中留下了深深的印记。所以，他便决定竞选第七届电子爱好者协会会长一职，想通过这样的平台能让更多对本专业有着浓厚兴趣的学生找到自己的电子爱好者之路。“让电子爱好者在电子领域这个浩瀚的海洋中找到成功的风帆”是电子爱好者协会的口号，协会将最大能力地服务于电子爱好者，让他们在电子这一条路上扬帆起航。

最终，他担任了会长一职，挑起了协会的重担。协会以提高大学生的科技水平，增强大学生对科技活动的参与意识，锻炼同学的动手能力，培养和发掘大学生的创新意识和实践能力为宗旨，并向着这一宗旨努力着、奋斗着。在职期间，及时了解会员的最新想法，制订严格的例会、值班制度，对会员进行分部门管理，积极开展不同水平、不同层次的活动，以便让会员能有更广阔的平台去展示自己！工作期间始终坚持：服务大家、完善自我，然后再“挤”出时间做自己的事情。

在职期间，带领协会会员参加各项科技比赛和举办科技创新活动。如参加“挑战杯”全国大学生课外学术科技作品竞赛、全国大学生“飞思卡尔杯”智能汽车竞赛、全国大学生电子设计竞赛、全国高校电子信息实践创新作品评选、全国信息技术应用水平大赛、全国大学生物联网创新应用设计大赛等科技比赛。同时，他也获得许多国家级奖项。

在科技这条充满激情和挑战的路上，他会一直努力，向前，再向前。从离科技最远的地方，他会用努力一步一步走向最接近科技创新的地方。科技创新，是他前进的方向，也是他前进的动力！

夏中雨

合肥学院

夏中雨，男，1993年生，合肥学院计算机科学与技术专业2012级本科生。在校期间，努力学习钻研，取得较好的成绩。2014年，团队在“蓝桥杯”程序设计大赛及RoboCup类各项赛事中，共获得省级优秀奖1项、省级一等奖1项、国家级三等奖1项。2014年，参加了RoboCup葡萄牙公开赛、中国机器人大赛以及安徽省举办的机器人大赛，分别获得葡萄牙公开赛季军、中国机器人大赛特等奖、安徽机器人大赛季军。2015年，所在团队取得了RoboCup中顶级赛事——世界杯的参赛权（中国仅有8支团队获得参赛权），取得了16强的好成绩。

2014年是他们获得成果最多的一年，共获得省级以上奖励7项，奖项主要集中在“蓝桥杯”程序设计大赛及RoboCup类各项赛事中。其中“蓝桥杯”是工业和信息化部人才交流中心为推动软件开发技术的发展，促进软件专业技术人才培养，向软件行业输送具有创新能力和实践能力的高端人才，提升高校毕业生的就业竞争力，全面推动行业发展及人才培养进程而举办的一项全国性赛事，大赛含金量较高，由IBM等国际著名IT公司赞助。总决赛三等奖及以上选手，如果获得本校免试推研资格，将获得北京大学软件与微电子学院及众多知名高校的面试资格，并优先录取为该院硕士研究生。大赛优秀获奖选手将获得IBM、百度等众多知名企业的免笔试直接面试及特别优秀者直接录用的绿色通道。

陈冲

淮南师范学院

陈冲，男，1993年生，淮南师范学院科学与技术专业2012级本科生。在校期间，加入了机器人团队，参加了学院组织的各项社会实践活动。通过3年的学习，积累了许多宝贵的经验，大大提高了组织能力、协调能力、交际能力和处事应变能力。2014年，获得了“蓝宇杯”第六届安徽省机器人大赛暨全国机器人邀请赛仿真2D比赛优胜奖，在中国机器人大赛暨RoboCup公开赛中荣获机器人仿真2D组项目比赛特等奖。

自入校以来，他没有丝毫放松对自己的要求，在思想、生活、学习和工作上更加严格要求自己，经过不懈的努力，在师长的关怀以及同学的帮助下，取得了一定的成绩。

他是政治思想的积极分子。始终坚持认真学习马列主义、毛泽东思想、邓小平理论、“三个代表”及科学发展观等重要思想，热爱祖国，拥护中国共产党的领导；积极关注国家时事，经常阅读《半月谈》《嘹望》《南风窗》等期刊；积极参加校、院组织的各项活动。在思想上、政治上、行动上积极向党组织靠拢，思想品德端正，自觉遵守各种法律法规，遵守学校、学院的各项规章制度，处处为同学着想，在各方面起到模范带头作用，具有强烈的社会责任感。

他是乐于助人的好同学。陈冲同学在同学关系方面处理得很好，同学们都愿意找他帮忙解决各种困难，他乐于助人的品质、善于交友的性格受到大家的欢迎。脸上时常挂满笑容的他拥有广泛的亲和力，他真心帮助他人，坚持“山不过来那我就过去吧”，同学们都很愿意与他交往。

这些成绩的取得，都源于陈冲同学抱着一颗不平常的心对待生活。他深知自身还存在许多不足，但他具有坚定的信念，不断提高自身的综合素质。在成长的道路上，继续严格要求自己，在德智体全面发展的基础上，厚德博学、求实创新、勤奋钻研、勇往直前。

一切的成绩都是属于过去的，明天又将是新的一天。在未来的日子里，相信他会更加努力地学习、工作，争做一名新时代的优秀大学生，在不久的将来为国家和社会贡献自己的力量！

在学习上，他积极配合老师、同学，认真负责完成各项工作。默默无闻的工作作风、积极的工作心态和强烈的责任感，让他赢得了老师、同学的好评。在班级，他主动接近不太爱学习的同学，希望通过自己的努力，唤起他们对学习的重视。而班级的学习气氛很好，同学们相互帮助，在这样的气氛下，他相信通过努力，一定会取得更好的成绩。

“学问未必全在书本上”，学好书本上的东西是远远不够的。在他的思维中，知识应与能力并重。所以，他一直要求自己要“学以致用”“理论联系实际”。

朱贝

淮南师范学院

朱贝，男，淮南师范学院机械与电气工程学院自动化专业2010级本科生。曾荣获淮南市青少年电子制作大赛一等奖，第九届全国大学生“飞思卡尔杯”智能汽车竞赛全国总决赛二等奖、安徽赛区一等奖，并获得淮南师范学院“三好学生”等荣誉称号。

朱贝从大一开始加入学校电子设计协会，从此开始了他的电子设计之路。大一期间，他充分利用了课余时间自学了模拟电路和单片机，并利用所学习的知识制作了他的第一个电子小作品——线性多路输出稳压电源，这使他第一次感受到电子世界的魅力。大二期间，他参加了第八届全国大学生“飞思卡尔杯”智能汽车竞赛，通过几个月的不懈努力，经历了无数次调试与失败，最终，在安徽赛区的赛场上，他和队友们展示了他们的风采，取得了安徽赛区摄像头组二等奖的成绩。暑假期间，他参加了电子设计大赛的集训，虽然2个月的集训很热很苦，但通过对不同赛题的训练，使他的编程能力以及PCB制作能力都得到了不同程度的提高。大三期间，再一次参加第九届全国大学生“飞思卡尔杯”智能汽车竞赛，最终他们获得了安徽赛区一等奖、全国总决赛二等奖的好成绩。

“飞思卡尔杯”智能汽车竞赛是受教育部高等教育司委托，高等学校自动化专业教学指导委员会负责主办的全国大学生智能车竞赛。该项比赛已列入教育部主办的全国五大竞赛之一。其最早始于韩国，在国内，全国大学生“飞思卡尔杯”智能汽车竞赛从2006年开始举办，至今得到了各级领导及各高校师生的高度评价，现在有越来越多的队伍加入其中。

智能汽车是未来汽车的发展方向，将在减少交通事故、发展自动化技术、提高舒适性等许多方面发挥很重要的作用；同时智能汽车行业是一个集通信技术、计算机技术、自动控制、信息融合技术、传感器技术等于一身的行业，它的发展势必促进其他行业的发展，在一定程度上代表了一个国家在自动化智能方面的水平。

全国大学生“飞思卡尔杯”智能汽车竞赛中，小车的基本结构大致可分为电源模块、传感器模块、电机驱动模块和控制模块等。智能车系统的总体结构为：TSL1401CL线性CCD采集赛道信息，将得到的模拟量经AD转换得到一组数字量，通过动态阈值算法对得到的数字量二值化，经滤波处理后获得主要的赛道信息，为舵机和电机的控制提供决策；转向舵机采用的是位置式PD控制；驱动电机采用的是增量式PID控制；通过编码器来检测车速，并采用MC9S12XS128的PT7口进行脉冲计算获得转速，并对应相应的速度，与速度PID形成闭环。

他们所设计的智能车系统以MC9S12XS128微控制器为核心控制单元，通过TSL1401CL线性CCD检测赛道信息，采用动态阈值算法对图像进行二值化，提取黑色引导线，用于赛道识别；通过编码器检测模型车的实时速度，使用PID控制算法调节驱动电机的转速和转向舵机的角度，实现了对模型车运动速度和运动方向的闭环控制。整个系统涉及车模机械结构调整、传感器电路设计及信号处理、控制算法和策略优化等多个方面。为了提高模型车的速度并让其更稳定，他们使用自主编写的Labview上位机调试工具调试PID，经过大量的测试表明，该系统的设计方案可行。

自从参加“飞思卡尔杯”智能汽车竞赛以来，他们小组成员花了近一年的时间，从最开始学习128单片机、学习PCB制板、了解B车模机械，到后来组装车模、了解线性CCD的工作原理、编写程序，紧接着小车能在简单的赛道上跑完一圈，到后期他们不断地优化程序，在程序里加入新的想法，将十字弯、人字弯等逐一解决。在这期间，他们有过迷惘，有过喜悦，不断地查找资料。他们也曾连续奋战好几个通宵，最终，他们完成了最初的目标，能够让智能车在特定的赛道上快速稳定的跑完一圈。

敢于创新才能够有所突破。敢于打破传统，不要被思维定势所禁锢，善于学习，这样才能在智能车比赛中取得好的成绩。在机械结构方面，他们尝试了软、硬两种车体连接方式，比较其优缺点，最终他们采用了硬连接的车体连接方式。在转向舵机方面，他们不断调整前轮束角和主销倾角以及舵机的位置，找到适合自己小车的转向结构。在控制思想方面，他们小组成员不断地讨论、改进，查阅了大量的资料并向指导老师们请教，最终确定了控制方案。在这套控制方案中，他们不断地优化路径，不断地加入新的想法，基本上做到直道加速、弯道减速、过弯内切以及小S道直冲等。

在这一年多的备战过程中，他们小组成员每个人都收获了很多。虽然他们的小车还有很多的不足，但是他们还会一如既往地努力和坚持。“最后，还要感谢一直支持和关注智能车比赛的学校和学院领导以及各位指导老师，因为老师们默默的支持才是我们前进的最大动力”，他说。

竞赛过程虽然充满着无数的挑战与未知，但只要敢于创新，不畏困难，突破思维的束缚，终将会有所收获。

吴　超

巢湖学院

吴超，男，1989年生，巢湖学院经济与管理学院法学专业2007级本科生。2014年5月荣获马鞍山十大优秀青年称号，2015年5月荣获和县十大优秀青年称号。

2011年，吴超通过村官的一系列考试，离开母校，告别亲人，怀揣梦想，从温适的家庭走出去，来到马鞍山市和县善厚镇旱林村，成了一名大学生村官。从学校到农村，从学生到村官，从家庭到社会，巨大的心理和环境落差让他一度无所适从。

旱林村是一个三面环山的行政村，也是省市级生态村，闻名遐迩。对于他的到来，村两委干部和村民寄予很大的期望。然而，他的失落和困惑他们也看在眼里。当他把“辞去村官，到外面去闯荡发展”的想法告诉母亲时，母亲苦口婆心地开导他：“你既然选择了村官，就要好好地干出名堂来。怕困难，怕吃苦，这不像我的儿子。”

母亲的话说得他热血沸腾。后来，镇组织部门和村两委干部多次找他促膝谈心，他心头的纠结豁然打开。母亲曾叮嘱他：作为一名村官，不仅要带领群众走上致富路，还要敢于创业，干出榜样让别人看看。

在创业项目的选择上，他进行了深入研究和实地调研。在调查中他发现善厚镇及周边一带的客商喜欢吃羊肉，而善厚镇山多田少，没有工业，环境优美，适合山羊的养殖，养出的山羊个小膘肥，肉质鲜美。于是，他下决心要自主创业，养殖山羊。然而，养殖山羊虽然利润高，但是风险也大，一旦养殖出现失误，不仅让村民蒙受经济损失，也在很大程度上让村民对养殖业失去信心。综合考虑，权衡再三，他没有让村民参股，而是自己率先尝试。

从2005年至今，他从母亲那里积累了一些山羊养殖的经验，并得到了母亲的大力支持，他觉得时机已经成熟。

他的第一个养殖场坐落在善厚镇南部茅山口。这里环境优雅，景致良好，生态一流。场区位于江北第一名山鸡笼山脚下，西临半月湖，盛善路从场边穿过。2014年3月，他利用市团委的10万元青年创业贷款和自己10万元的个人借贷创办了湖山羊养殖场。

在养殖中，他发现，山羊养殖主要依托当地的山场资源进行散养，耗费大量的人力物力，养殖规模也受到了限制。他在搞好养殖的同时把主要精力放在了4条发展道路上：一是把山羊养在家，利用山场优势，建造20亩左右的栏圈，将山羊放养在栏圈中，在栏圈中种植牧草和草药供羊食用，保证圈内食物充足，而出栏的“草药羊”也可能成为他们的一张招牌。二是重点进行种羊养殖。据测，一只肉羊成年后的净收益约800元左右，而一只母羊一年产两窝羊仔，每窝平均两只，每只羊仔市场价格在700元左右，所以一只母羊一年产羊仔的收益就有2 800元，即使小羊仔只有50%的成活率，每年收益也在1 400元以上。三是进行圈养，放养受地域影响较大，而圈养一方面克服了地域的难题，另一方面由于圈养整体成本低，从而在羊肉市场竞争中抢占了先机。四是形成生产销售产业链，注重养殖同时抓好半成品加工和销售环节，这样一方面保证村民羊肉的销售，另一方面也增加了羊肉的附加值，从而增加了利润。

为带动村民致富，在自己获得成功后，他毫无保留地把山羊养殖技术和经验向村民推广。早林村是山区村，耕地3 228亩，山场面积15 000多亩，每个村民组都有山，他鼓励村民把山羊从养殖场领回家，年底他再到村民家统一收购。每家购回3~5只肉羊，一年便能增收3 000多元，养2只种羊的话一年就能增收4 000元以上，从而增加了村民的收入，真正做到了“风险我来担，利润群众赚”。一些村民也从当初的观望、疑惑逐渐认识到家庭养殖也是致富的捷径。

在创业过程中，他深刻体会到，农村是一个广阔天地，在那里是可以大有作为的。作为一名新时代的大学生，一定要与时俱进，改变观念，更新自我，条条大道通罗马，处处都有创业路，就看你敢不敢干！愿不愿干！会不会干！在此，他郑重承诺：他要把在基层创业当做他一生的事业来做，矢志不渝，永不言悔！2013年，他顺利通过了考核，担任早林村第一书记，这更坚定了他扎根基层，勇于创业的信心。

在农村这篇广阔的天地里，他将沐日月之甘露，得乾坤之灵气，把书本知识和实际工作有机结合起来，在基层中锤炼！在锤炼中成长！在成长中收获！在收获中提高！在村官的道路上，他会用辛勤的付出和劳动的汗水谱写一首首真实而壮美的青春之歌，并走出一条条自主创业的康庄大道！

汤传军

铜陵学院

汤传军，男，1989年生，铜陵学院电气工程学院自动化专业2011级本科生。在大学期间，不放过每个实现自己想法和锻炼自己的机会，积极参加科技创新竞赛活动，并在第九届全国大学生“飞思卡尔杯”智能汽车竞赛中以安徽分赛区第二名的成绩成功入围全国总决赛，最终获得全国总决赛一等奖。

全国大学生“飞思卡尔杯”智能汽车竞赛过程包括理论设计、实际制作、整车调试、现场比赛等环节，要求学生组成团队，协同工作，初步体会一个工程性的研究开发项目从设计到实现的全过程。该竞赛融科学性、趣味性和观赏性为一体，是以迅猛发展、前景广阔的汽车电子为背景，涵盖自动控制、模式识别、传感技术、电子、电气、计算机、机械与汽车等多学科专业的创意性比赛。该竞赛以“立足培养、重在参与、鼓励探索、追求卓越”为指导思想，旨在促进高等学校素质教育，培养大学生的综合知识运用能力、基本工程实践能力和创新意识，激发大学生从事科学研究与探索的兴趣和潜能，倡导理论联系实际、求真务实的学风和团队协作的人文精神，为优秀人才的脱颖而出创造条件。

2014年3月，学校通知报名第九届全国大学生“飞思卡尔杯”智能汽车竞赛后，汤传军和队友们开始积极上网搜集竞赛相关的材料，并自学相关的基本知识，购买所需的器件和学习飞思卡尔单片机资料。

2014年4月，经过对竞赛的学习和了解后，他们商量决定参加“飞思卡尔杯”智能汽车竞赛光电组。他们买回比赛官方规定的车模等部件，便开始深入研究相关知识。王超同学积极学习车辆及硬件电路相关知识，不断地通过贴吧和论坛等渠道获取参考资料。与此同时，汤传军学习了飞思卡尔单片机MC9S12XS128。他们探讨完成所需引脚分配后，画出第一版硬件电路，完成部分底层驱动。

2014年5月，他们开始经常出没在学校开放的实验室。除了正常的上课，他们大部分时间都待在实验室，使用学校提供的示波器和电源等设备。他们排除了很多常见的问题，经过不懈的努力，他们攻克各类难题，使得智能小车最终能够沿着规定的赛道缓慢行驶。

2014年6月，他们被学校选中参加安徽赛区的竞赛。为了能够代表学校参加分区赛，他们都在为智能车提速努力着，每次为了突破提速的瓶颈，他们都熬到很晚。无论是车模的构架、硬件电路，还是软件算法，都凝结了他们自己很多的想法和心血。一个智能小车里灌注了他们团队的情感和想法，它若能成功便是他们想法和思路正确的验正。

2014年7月，他们很幸运能够冲出分区赛，闯入全国赛。安徽分赛区的所有智能汽车都集聚在安徽陆军军官学院一决上下。经过多轮预赛和决赛他们团队的智能汽车最终跑出了一个意想不到的成绩，以分区赛第二名的成绩成功入围全国总决赛。

2014年8月，他们队以全国一等奖的成绩刷新了铜陵学院的最好纪录。为了在高手云集的全国总决赛上不至于跑得很差，在去成都电子科技大学之前，他们一直吃住在学校实验室，只为在算法上精益求精，在争取更快更稳的路上不放过每个可能突破瓶颈的瞬间。经过一段时间对智能汽车系统的优化，他们在最后的全国总决赛中取得了不错的成绩。

2014年9月，一个偶然的机会，他们又参加了全国大学生TI杯电子设计竞赛。为了不放过每个实现自己想法和锻炼自己的机会，他们怀揣着探索的心参加了这个竞赛。虽然最后由于时间太短准备不充分，未能获得好成绩，但是他们不后悔抓住了这次锻炼自己创新能力的机会。

在“飞思卡尔杯”智能汽车竞赛中，他们团队参加的是光电组，在智能小车的设计中包含了很多他们自己的设计想法。整体构架部分，在不违反大赛规则的前提下，为了车身在高速运行时的稳定，尽量降低车体重心，优化各块机械部件。为了尽量避免各电路之间的相互影响，他们把电路板划分成主控板和驱动电路板两部分。在线性CCD传感器采集回赛道信息传回到MCU

后，为了能够快速分析出赛道中心位置，他们对分析算法进行了优化，改传统的查询方式算法为从上次中心位置往两边查询，可快速分析出赛道的中心位置。此外，在复杂赛道元素的路段的处理中，如小S弯道、十字形路和人字形路等都有着很多他们自己的处理方式。

他们参加比赛时的初衷是秉持着一颗谦虚和学习的心，只为培养自己基本工程实践能力和创新意识，为以后参加工作养成一定的研发能力。参加各项比赛以来，他们真真切切地体会到一分耕耘一分收获。从一开始的空白，到现在对嵌入式系统的基本了解，很明显他们收获了不少知识，这也是全国大学生“飞思卡尔杯”智能汽车竞赛“立足培养、重在参与、鼓励探索、追求卓越”的宗旨。每个比赛都让他们收获了不少，无论是对创新实践能力的培养，还是对团队合作精神的认识。

李 瑜

铜陵学院

李瑜，男，1992年生，铜陵学院机械设计制造及其自动化专业2012级本科生。李瑜在校期间品学兼优，获得过国家励志奖学金及“三好学生”荣誉称号，还曾荣获第六届“挑战杯”安徽省大学生课外学术科技作品竞赛三等奖、第六届“挑战杯”铜陵学院大学生创业计划大赛三等奖、全国三维数字化创新大赛一等奖。

作为一名大学生，怀着自信与希望开始了他崭新的大学生活，在过去的几年里，他始终保持积极向上的心态，时刻以高标准严格要求着自己，同时妥善处理好学习与工作两者之间的关系，努力做到全面发展。

学生始终应以学业为主。从入学第一天开始，他就从未放松过对学校安排课程的学习。在学好专业课的同时，他努力地考取各类证书，现已通过多个考试项目，并已拿到了三维CAD证书。除了完成自己正常的学习任务外，他还抽出一定的时间去参加学校、学院组织的活动，通过这些活动促进自己的全面发展。除此之外，在课外的空余时间，他还坚持自学并且常在图书馆及网上查阅资料来充实自己，这样，既学会了利用学校图书馆的图书资源和电子资源，又学到了知识，丰富了自己。

大三下学期，在殷老师的指导下，他和队友们开始申请了一个创业创新训练项目。在创业训练项目的研究方面，最深的体会就是要善于勤于思考，主动动手动脑。创新创业训练项目不是基础课上他们做的实验，不是按着老师讲的步骤做就行了。对于他们来说，工业4.0网络下智能制造自动化加工是一个新领域，属于高新技术行业，没有人告诉他们下一步该怎么做，需要自己去找文献查资料，去弄明白如何实现自动化加工的过程和关键技术，然后确定要创新的方向，按照这个方向一点点努力，所以每一步都需要独立思考。在这个过程中，他们遇到很多困难，遇到困难后他们总是努力寻找帮助，但效果不大。这时他们的指导老师告诉他们不要做意见或是现成答案的乞讨者，所有问题都应该自己寻找答案，所有的解答都在问题里，最重要的还是自己要学会思考。

记得他们项目中的一个成员说过这样的一段话，让他很受触动。大概意思是这样的，如果你之前每一步的工作都只是勉强及格，那么积累久了就很难保证后面的工作万事大吉；而如果你前面每一步的工作都问心无愧地将近能打百分，那么后面即使出现问题也能及时地找出并解决掉。他觉得这段话说得很好，项目中一个阶段和另一个阶段的工作之间联系非常紧密，上一个阶段的工作完成质量直接关乎下一个阶段工作的完成情况，因此，希望大家对待工作时，虽然要加快进度，但同样要保证质量，一步一个脚印，踏踏实实地完成每一个制定的目标，克服一个个遇到的难关，做好项目的进度管理与项目的质量管理。

他深深感受到团队合作的重要性和必要性，同时也学到了很多东西，在一定程度上提高了自己的学习和创新能力。他很感谢这个创业训练项目给他提供锻炼与成长的机会，他将努力奋斗提高自己，使自己早日成为一个创新创业型人才。

杜忠忠

滁州学院

杜忠忠，男，1994年生，滁州学院计算机与信息工程学院物联网工程专业2012级本科生。秉承着“修德、求是、博学、笃行”的校训，在多彩的大学生活中，杜忠忠一直以“爱拼才会赢”的态度来激励自己，以“想想还有什么事情还没做”的态度来要求自己，获得了共创未来——中美青年创客大赛南京赛区一等奖、第一届全国高校物联网应用创新大赛——技能赛（全国决赛）二等奖、计算机设计大赛安徽赛区二等奖、安徽省单片机设计大赛三等奖、全国大学生“飞思卡尔杯”智能汽车竞赛安徽赛区优秀奖等多个奖项。

思想是一个人的灵魂，一个好的思想、一个好的态度，也是做其他事情的基础。因此他很注重思想的培养，这个过程离不开学校领导以及老师的各种指导，当然也有自己的努力。“想想还有什么事情还没做”，是他做事情的态度，一种严谨的态度是他进步的最大原因。从上大学开始，知道大学生可以加入共产党，他一直向党组织靠拢。在开学伊始，向党组织递交了入党申请书，然后顺利从党校结业。之后进一步努力向党组织靠拢，经过党组织的严格考验，成为一名正式中共党员。

“不积跬步无以至千里，不积小流无以成江海。”进入大学以来，一点一滴地去积累知识，作为计算机与信息工程学院专业的学生，在大一学年为了巩固自己的编程基础，他经常练习C语言编程到深夜。正是由于当时打下的良好基础，使得他在以后的学科竞赛中可以取得优异的成绩。“想想还有什么事情还没做”，是的，作为新时代的大学生，他们不能仅仅把眼光局限于书本，把自己关闭在教室，还应该开阔自己的视野，用自己掌握的知识去创新、去创造。

作为大学生，学校为他们提供了良好的平台。正是由于此平台，他可以和队友一起参加各式各样的比赛，去磨炼自己，去开发自己。在此过程中，他们有过汗水，有过泪水，有过无奈，也有过彷徨，当然也有成功时候的喜悦，也有从颁奖嘉宾手中接过证书的高兴。回想参加过的各种比赛，无论是校级比赛，还是省级、国家级的比赛，一个“想想还有什么事情还没做”的严谨态度是可以完成比赛的重要保证。

“台上三分钟，台下十年功。”自从上了大学，他就没有了周末以及寒暑假。他周末基本上都是泡在实验室里学习，利用互联网的快捷性给自己充电；寒暑假积极参加学校组织的各种实践活动，去磨炼自己。

“实践是检验真理的唯一标准。”想检验自己的知识掌握程度，就要运用知识去解决一些问题，所以学科竞赛为他们提供了途径。不管做什么事情，他的态度都是“想想还有什么事情还没做”。就是这种严谨的态度，在参加的大大小小比赛中，让他获得了不少奖项。比如第一届全国高校物联网应用创新大赛——技能赛（全国决赛）二等奖，第一届全国高校物联网应用创新大赛——创意赛（华东赛区）二等奖等。

记忆最深刻的当属全国高校物联网大赛，赛程长，赛项多，在华东赛区决赛获得了二等奖，但与全国创意赛决赛失之交臂。那是他第一次参加省级以上的决赛，有喜悦也有不安，比赛前几天他和队友完善作品经常到深夜，甚至通宵，那段日子对他的影响很大，让他明白了一个团队的重要性。

杜忠忠说：“我相信一个流传很久的法则‘爱拼才会赢’，去拼搏，去面对一切。并且一直用‘想想还有什么事情还没做’的态度来要求自己。时间轴在不断推进，我也要永无止境地追求。现在社会是一个感恩的社会，我不敢说什么大话，自己的力量现在也很微小。但我可以用实际行动来证明自己可以向社会贡献自己的力量，来回报社会。我之所以能取得这些成绩，与学校的大力培养，任课老师在专业方面的指导以及同学们对我在学习和生活方面的帮助有很大的关系。未来的路还很长，我将以百倍的信心和万分的努力去迎接更大的挑战，用‘想想还有什么事情还没做’的态度去面对一切。”

施小东

安徽新华学院

施小东，男，1991年生，安徽新华学院电子通信工程学院自动化专业2011级本科生。在校期间，他积极参加学术类、社团类的各项活动，通过校园实践不断提升自身的动手能力和创新能力。他凭借稳定的团队合作，获得第九届安徽省大学生电子设计大赛一等奖，第九届全国大学生“飞思卡尔杯”智能汽车竞赛安徽赛区电磁组一等奖第三名和光电组一等奖第一名的成绩，并且在全国总决赛中获得电磁组一等奖和光电组二等奖的成绩。

一路走来，有这样的一群人陪他走过了大学四年的时光，他们有着共同的爱好。为了共同的目标，他们加强对专业知识的学习，踊跃参加学科类竞赛，不断创新，锐意进取。

他的团队第一次参加专业相关竞赛就是学校的电子设计大赛。赛题对选题不限定要求，他们为出新意，在选题上下了很大工夫。在现有材料的基础之上进行选题，不但要考虑到方案的可行性，还需考虑其实用性和创新性。经过一天的讨论，结合现在电风扇的优缺点，最终确定了方案作品——智能电风扇。该风扇有如下主要性能：四级风速可调，采用按键调速、无线调速、距离控速和温度控速，电风扇倾倒保护，语言报警，夜照台灯（模式可切换、按键、无线、光控），定时关机，温度显示等。和传统的电风扇相比，他们的电风扇更加的轻便、简洁、实用，智能电风扇采用可充电电池供电，可适用野外等多种场合；系统总体功耗小，功率不足10W，更加的节能环保；系统采用直流电机，闭环控制，速度更加稳定。采用的多种控速模式，使系统更加的智能化。该智能电风扇夜间采用温度控速，根据环境中的温度来控制速度，可以使人不宜着凉，同时也降低了功耗；距离控速和超近距离停机保护不仅保证了人身的安全，还可以更加节能；语音报警和夜照台灯使他们的作品更加人性化。

在整个作品设计过程中，他的团队分工明确，合作默契。从机械结构的组装，电路的焊接调试，到软件的编程都完成顺利，且做好了相关材料的存档及各模块调试的工作。程序联调过程中，又不断对程序进行优化，减少程序的BUG。最终他们只花了一个星期就完成了整个作品的制作，并且获得了校电子设计大赛一等奖。

校电子设计大赛过后，他们又参加了第九届全国大学生“飞思卡尔杯”智能汽车竞赛，报名了电磁组和光电组。智能车竞赛是个竞速的比赛，设计的小车要按照组委会制定的规则，在指定的赛道上自主运行，自主识别赛道信息和自主避障，相同的赛道，时间越少，成绩越好。而且“飞思卡尔杯”的比赛是个漫长的过程，时间跨度很大。

他们积极准备，通过不断优化，提速显著。从1.5m/s到2m/s，到最后的3.1m/s，都是他们用自己的汗水换来的。最终他们获得了安徽赛区电磁组一等奖第三名和光电组一等奖第一名的成绩，并且获得了参加第九届全国大学生“飞思卡尔杯”智能汽车竞赛全国总决赛的资格。在总决赛中，他们又获得了电磁组一等奖和光电组二等奖的成绩。

参加完第九届全国大学生“飞思卡尔杯”智能汽车竞赛，他们接着参加了第九届安徽省电子设计大赛。电子设计大赛是组委会出题，参赛队员需要在四天三夜内，单独完成赛题要求，提交作品，并选定时间演示，由评委老师打分评比。此时距离电子设计大赛只有两个星期，他们根据自己的优势，选择了控制类试题进行练习，通过完成历年电赛试题，及时发现问题，提高解决问题的能力，同时为比赛储备了可能用到的模块及相关模块的程序模板。

在比赛时，他们选择“运动物体轮廓检测系统”，该赛题要求通过线性传感器来描绘运动物体轮廓，并且可以测量运动物体的速度，并将所采集回来的数据通过无线传输到1m以外的设备上，并按照要求的像素点进行显示。比赛中，他们分工明确，合作默契，最终获得了第九届安徽省电子设计大赛的一等奖。

他们取得的成绩离不开老师们的指导，更离不开他们那种不断拼搏，勇攀高峰的坚韧毅力。

杨国祥

安徽淮南联合大学

杨国祥，男，1989年生，安徽淮南联合大学机电系机电一体化专业2013级专科生。杨国祥喜爱科技活动，现有国家局授权11项专利（第一发明人10项，第二发明人1项），并且有5项专利正在申报中，已获得的授权专利中有2项（“太阳能高倍聚光设备”和“自充气自行车”）已进入试验阶段。其中“膨胀螺丝拧丝杆”（申报中）被淮南久众建筑劳务公司用于施工操作，效果良好。科技创新的同时，杨国祥还积极参加各种竞赛，在2015年安徽省大学生课外学术科技作品竞赛中获得个人组二等奖。

刚踏进大学校门的第一天，杨国祥就告诫自己一定要把握好大学的三年时光，在这个知识的海洋里，找到自己的梦想，并努力为之奋斗。他严格要求自己，热爱学习，独立思考，积极乐观，保持强烈的求知欲和上进心，认真学习科学文化和专业知识，并积极参加课外活动，让自己的大学生活更加丰富多彩。

专业知识的学习重要，将学到的知识用于实践并有所创新更加重要。自入学以来，他就一直活跃在学校的各个活动中，学以致用，锻炼自己的能力，在大学的舞台上表现自己。他在学习方面从不放松自己，专业成绩一直名列前茅。他以端正的学习态度，刻苦的精神，不断反思学习，申请了“太阳能高倍聚光设备”和“一种笔记本散热器”2项专利。

在学校科技创新工作中，他积极响应学校号召，做好科技创新的宣传、组织和表彰工作，其宣传效果明显，得到系部领导老师的一致好评，鼓舞同学们积极投身到科技创新的行列中来。在学校科技创新各项活动中，他也起到了积极的表率作用，通过自身宣传科技创新理念、扩大科技创新活动的影响等，并成立学院创新小组，与创新小组合作完成各项创新项目。

在生活方面，他艰苦奋斗、勤俭自强。作为一名来自农村普通家庭的大学生，他待人热情，坦诚友善，乐于助人，还积极主动与老师沟通，做联系同学与老师的纽带和桥梁。

在科技创新方面，作为当代大学生必须具有创新精神，他积极参加全国、省市和学校各种创新比赛，挑战自我，超越自我，努力开阔自己的创新思维。2013年，在老师的帮助和指导下完成第一项专利，以所学专业为基础。2014年，在高教社杯全国大学生数学建模竞赛中获得优秀成绩，在2015年安徽省大学生课外学术科技作品竞赛中获得个人组二等奖。

在充实而又忙碌的大学生活里，他经历了很多，学习了很多，也成长了很多。在大学里，他没有虚度光阴，而是把握住了机遇，锻炼了自己。

正如杨国祥说："如果说经过风吹浪打的水手才能战胜大海，那么我愿意把每一次挑战当做大海，用它的每一朵浪花磨炼出坚强的自己。有一种精神，看似平凡渺小，它却能成就不平凡的业绩；有一种精神，看似豪情万丈，它却代表着最平实务本的人文精神。一条路走下去，总会有尽头，我也即将到达大学生活的尽头。在走到尽头的时候，停下脚步，回头看看，自豪地说，我没有浪费青春。我勤奋所以我努力，青春无悔；我拼搏所以我坚信，天道酬勤。"

站在创新的起点上，需要刻苦努力，创新进取，艰辛拼搏，继续发扬"团结拼搏、自我激励、发挥优势、争创一流"的精神，才能不断谱写更加绚烂多彩的青春华章，在实践中唱响无愧于时代、无愧于人民的青春之歌。

徐　超

滁州职业技术学院

徐超，男，1994年生，滁州职业技术学院机电一体化专业2013级专科生。曾获第十届全国CaTICs网络赛二等奖，第六届全国大学生机械创新设计大赛安徽省一等奖，第六届全国大学生机械创新设计大赛全国决赛二等奖。“一种机械传动演示台”已申请国家专利。

2013年9月，怀揣着梦想，他进入了滁州职业技术学院。在这个新鲜而又陌生的环境里，他将开始大学三年的学习生活。他积极调整心态，制定学习目标，快速融入大学生活。从大一开始，他就严格要求自己，热爱学习，独立思考，积极乐观，保持强烈的求知欲和上进心，努力学习科学文化知识。课余他常在图书馆阅读与机械设计制造相关的书籍，延伸课堂所学的知识，尽力提升自己的专业技能。一分耕耘，一分收获，他获得了“三好学生”“优秀团员”等一系列荣誉称号。在2013—2014年度，凭借优秀的综合成绩获得国家奖学金。

除了坚持学习科学文化知识和专业基础知识外，他还勇于创新。他特别喜爱机械制造，同时也喜欢根据所学知识创新设计，大学给他提供了很好的展示自己的舞台。

大一时，他在专业课学习与实训各方面表现良好，得到老师的肯定。在老师的推荐下，他加入了学校的机械设计制造兴趣小组，在学习专业理论知识之外，还将理论知识应用于实践。通过参加各项专业创新技能竞赛，不但丰富了课余生活，巩固了所学理论知识，同时提高了实际操作能力，他还学会了如何更好地与团队协作。

在2014年5月的全国大学生机械创新设计大赛安徽赛区的比赛中，面对压力，他和团队迎难而上，认真准备参赛作品，最终获得了一等奖，并以前8名的好成绩进入了全国赛的申报候选序列，他是进入前8强的唯一一个高职院校的学生。在准备全国赛的时间里，他更是废寝忘食地工作，力争在之后一个月的比赛中拿出更加完美的作品。功夫不负有心人，他们在全国赛的决赛中取得了二等奖的好成绩，同时参赛作品获得实用新型专利。

在2014年6月，他还参加了全国CaTICs网络赛，大赛共吸引了院校共计92所，394个代表队，参赛总人数近2 000人。他与队友积极备战，晚上还在计算机房集训，最终校代表队全国排名22名，荣获团体二等奖的好成绩。

各种大赛的参与经历，使他收获了许多宝贵的经验，虽然取得了不错的成绩，但他依然不骄不躁，谦虚学习，始终以饱满的热情向更高的阶梯迈进。

宋梦杨

安徽职业技术学院

宋梦杨，男，1993年生，安徽职业技术学院电气自动化专业2011级学生。他曾在高中和大学期间设计并申请了14项国家实用新型专利，发明设计涉及应急疏散、燃气节能、水循环利用、防雨防尘、办公玩具、食品包装、外观设计等多个领域。曾获得利辛县科技创新大赛二等奖、亳州市创新大赛获二等奖，并荣获利辛县"科技创新带头人"称号，受到利辛县、亳州市等多家媒体采访报道。目前已注册了一间公司，开始了新一轮创业。

宋梦杨在初中时候就喜欢发明创造，他的第一个设计是一个助力发电的自行车。第一张设计图他足足画了一个星期，那时候他不会软件，设计图全都是纯手工的，一笔笔勾画出来，当时没有一个人看好他，全是嘲笑。那时候他也不知道有专利这一说，什么都不懂。接触到专利的时候是在高中，他在那一年申请了10项专利，引来学校和社会媒体的报导。

现在，他已经大学毕业，他想用他的创新去支持自己的创业，用创业所积累的资本去更好地创新，用自己设计的产品去给这个社会造就福利。他第一次创业是在大学时候，当时他在大学旁边开了一家小店，由于种种原因，他在坚持半年后失败了。但是，他不气馁，吸取经验，相信下次能做得更好。在那次创业失败以后，他去找了一份工作，是关于电子商务的，他认为现在既然是个互联网时代，创业、创新肯定离不开网络，离不开电子商务。离开那家公司后，他就自己注册了一个公司，又开始自己的创业之旅。

在这里给大家分享他的一个创新设计，这是他创业的一部分。这个设计结构非常简单，是一个以地铁为外形设计的笔和筷子，灵感来自于合肥即将通车的地铁。地铁的通行对合肥来说具有划时代的意义，在这个具有划时代意义的时刻需要一个纪念品去纪念它的到来，让合肥的每个市民去庆祝这个值得庆祝的时刻！笔和筷子都是人们日常生活的必需品，与人们的日常生活密不可分，如果把这两样东西都做成地铁的外形，肯定让合肥的地铁更加深入人心。不过这不是最重要的，地铁对于很多合肥市民来说还是一个比较新鲜的事物，既然地铁通车了，我们肯定需要去劝导市民如何文明、安全地乘坐地铁，这是一个需要长期普及和宣传的过程。如果把这个地铁外形的笔和筷子定义成合肥地铁的纪念品，在市面上必然会受到合肥市民的欢迎，便可在这两个纪念品上印刷宣传如何安全文明地乘坐地铁的说明书，这样，安全文明地乘坐地铁的知识就可以渗透到千家万户，那样合肥的地铁就可以更加安全文明地运行，让合肥市民或者外来的宾客都可以享受一个舒适安全文明的乘车环境。

一路走来，一个个专利，一个个设计，一步步创业，满满的辛酸和眼泪，但是他始终在创新创业的路上，不断前行！

王振科

安徽国防科技职业学院

王振科，男，1992年生，安徽国防科技职业学院机械制造与自动化专业2013级学生。曾荣获“昆山花桥杯”第九届安徽省大学生职业规划设计暨大学生创业大赛一等奖。

他自小就对新鲜事物充满好奇心，表现出爱思考的性格。从上小学开始就对数学等学科感兴趣，数学成绩一直名列前茅。业余时间，他喜欢读名人传记和科普读物，对拥有1 328项专利的大发明家爱迪生更是崇拜之至，幻想着有一天能成为像爱迪生一样的人。为此，他努力学习科学知识，不断培养自己的创新思维并在高中时付诸行动：2012年12月，他第一次向专利代理机构提交了4项发明专利的申请——一种带火柴盒的烟盒申请号：201210586163.3；一种油电混动发动机申请号：201210585721.4；一种折叠书立申请号：201210585294.X；一种双驱动摩托车申请号：201210585097.8。但由于缺乏专业的指导，以及家庭经济问题和高考的压力，这些发明未能成功获批。

2013年9月，他考入安徽国防科技职业学院，就读机械制造与自动化专业，这使他的潜能得到了充分发挥，通过专业知识的学习和老师的精心辅导，开阔了眼界，坚定了信心。学校在了解他的发明创造的想法后，给予了大力支持，为他提供相关的实验实训设备，还专门提供场所为他成立“振科创意工作室”，配备了指导老师。学校还根据他的家庭状况，提供校内勤工俭学岗位，而他把积蓄用于申请专利和购买实验材料。

功夫不负有心人。2014年10月27日，他获得了为自己的未来公司产品设计的标志版权，登记号：皖作登字-2014-F-00001073。2014年12月5日，他注册成立了"六安振科电器有限公司"。2014年12月12日，他的公司凭借自主研发的技术优势成功入驻六安大学科技园，成为首批入驻的16个大学生创业团队（项目）之一。在六安大学科技园开园仪式上，安徽省教育厅副厅长李和平和六安市市长毕小彬充分肯定了他的科技创新意识和能力。

他的成功极大地鼓舞了同学的创业热情，一批同学在他的带领下，加入了创新创业的行列。2014年10月—12月，他带领"振科创意"创业团队代表学院参加了"昆山花桥杯"第九届安徽省大学生职业生涯规划大赛暨大学生创业大赛，由半决赛到总决赛，一路过关斩将，脱颖而出，最终不负众望，斩获"安徽省大学生创业之星（金奖）"。

在国家大力倡导职业教育的今天，他的成功为学院提供了一个经典案例，得到广泛宣传和推广。一直以来，考生和家长都把考上重点大学作为目标，把上职业学院当成不得已的选择。事实证明，他的成功说明职业教育也能培养出优秀的人才，只要我们创新教育模式，因材施教，就能激发学生的潜能，实现他们的人生价值。对于每一个当代大学生来说，只要心中有梦想，脚下有行动，敢于挑战，勇于担当，就一定能取得成功。

2014年10月，他在学院的帮扶下成立"振科创意工作室"，在成立工作室的前后期，学院实训中心免费提供研发场所，便于其能够把创新与实际生产结合，以达到研发的产品能够制造。在实训中心，学院免费将相关实验器材提供给他使用，并要求各位相关专业的教师在器材的使用中给予指导，帮助他完成相关实验。在实训中心，学院还为其提供办公平台，提供办公器材，便于其与其他企业交流学习。

2014年12月，借着安徽省大学生创业大赛的契机，他在学院的帮扶下成立"六安振科电器有限公司"，成功入驻六安大学科技园，机械系领导老师提供细致入微的指导，并免费为王振科同学提供在科技园的办公设备。工欲善其事，必先利其器。在进入科技园进行研发期间，学院结合他的研发方向与相关专业免费为其提供价值5万元的研发器材，并保持其有免费使用学院实训中心器材的权利。

在这期间他取得了丰硕的成果，2014年以来，他共获批2项国家专利技术，另有5项正在审批当中：2014年1月8日，申请第一个国家专利（一种风扇摇摆装置），于2014年6月18日获得专利证书，专利号ZL201420010467.

X；2014年7月17日，申请第二个国家专利（一种旋转风扇），于2014年11月5日获得专利证书，专利号ZL201420393188.6；2014年10月13日，申请第三个国家专利（一种吸顶摇头扇），于2014年12月26日授权，专利申请号201420587022.8；2014年10月31日，申请第四个国家专利（无胶创可贴），专利申请号201420653377.2；2014年12月，发明螺旋扰动产生气流的装置，并于2015年1月22日提交发明专利与实用新型专利双申请，发明性专利申请号201510030560.6，实用新型专利申请号201520041903.4；同时对其螺旋形叶片组件申请了实用新型专利，专利申请号201520042118.0。

杨龙

安徽国防科技职业学院

杨龙，男，1994年生，安徽国防科技职业学院计算机应用技术专业2013级专科生。2015年6月，获全国职业院校技能大赛移动应用开发赛一等奖；2015年4月，获安徽省职业院校技能大赛移动应用开发赛一等奖；2015年4月，获“蓝桥杯”软件设计大赛安徽赛区三等奖；2014年10月，获安徽国防科技职业学院“优秀学生干部”称号。

杨龙自入学以来，思想方面能严格要求自己，乐学上进，严格遵守国家法律法规和各项制度；学习方面，以积极向上的心态看待专业技术学习和学术创新，各科成绩优良；专业技术方面，进校后积极参加学院创新工作室活动，承担工作室项目开发任务，精诚团结、分工协作、克服困难，并在全国和安徽省职业院校技能大赛中均取得一等奖的优异成绩。

思想积极要求上进，不断提高政治素养。作为学院移动应用创新工作室的骨干成员，他在课余时间坚持学习马列主义、邓小平理论和“三个代表”重要思想，并且努力践行科学发展观，不断提高自身政治修养。

学习方面，认真努力，不断创新。对待专业学习，他秉承一丝不苟、认真踏实、不耻下问的学习态度，对于每门课的学习都能做到边学边复习，及时巩固，达到事半功倍的效果。他在近四个学期的期末考试中均名列前茅，专业课优良率100%。

学院自2011年开始实施移动互联网创新工作室项目，作为移动互联网方向的学生，他积极参加工作室活动，承担开发项目。2014年，他同队友合作完成了多项创新项目，如智慧六安、乐至图书馆、卡卡券等移动互联网项目。通过上述项目的研发，他们的专业技能得到了提高，团队协作能力得到了锻炼，项目创新和开发素质得到了提升。

富有挑战精神，不断超越自我。2015年，在学院和系部各级领导的大力支持和帮助下，作为创新工作室的优秀成员，他在指导教师的带领下，参加了“蓝桥杯”软件设计大赛、安徽省职业技能大赛和全国职业技能大赛等比赛项目，均取得了优异成绩。

2015年4月，安徽省职业院校技能大赛移动应用开发赛在安徽电子信息职业学院举办。由杨龙、周平、周博文三位同学组成的安徽国防科技职业学院代表队，精诚合作、克服困难，取得安徽省第三名、团体一等奖的好成绩，并取得代表安徽省参加全国职业技能大赛的资格。

2015年6月，全国职业院校技能大赛高职组移动应用软件开发赛在山东科技职业学院举办。由杨龙、周平、唐蓓蓓三位同学组成的安徽省代表队在全国总决赛的赛场上不畏强敌、冷静应战，出色地完成了项目设计、软件开发、文档编写和故障排错等多项任务，再次取得全国一等奖的好成绩。本次比赛代表了移动应用开发领域全国最高水平，共吸引了全国29个省区市81支代表队433名师生参赛。

2015年4月，“蓝桥杯”软件设计大赛安徽赛区在安徽财贸职业技术学院举办，杨龙、周平等代表学院参赛，在全国近三万名本专科参赛选手中，他们获得了Java语言开发组三等奖。“蓝桥杯”软件设计大赛注重考核软件开发人才对基础语言的掌握程度，获得这个奖项充分说明了他们对Java语言的掌握程度。

除此之外，他们还挤出时间积极参加各种学生活动和学科竞赛，也取得了多项奖励和成绩。

秉承创新精神，实现创业梦想。在参加创新工作室活动期间，他们在学院导师的指导下参加了创新创业培训，认真学习相关技能。在2015年度学院的顶岗实习双选会上，他们都不约而同地选择了创业型公司或者成长型企业，作为自己的顶岗实习单位，作为自己继续学习的平台。杨龙同学目前在江苏优越软件有限公司顶岗实习，该公司目前主要从事社区app产业的创新研发工作，刚进公司就承担了项目的设计工作，充分发挥了其创新的特质。

作为移动互联网专业方向的大学生，他们肩负着推动中国互联网事业发展进步的伟大理想，所以他们会继续秉承创新实干的精神，以自己高水平的职业素质，为技术进步和科技创新贡献自己的力量。

朱伟平

安徽工商职业学院

朱伟平，女，1993年生，安徽工商职业学院连锁经营管理专业2012级专科生。2013年荣获全国职业院校市场营销技能大赛一等奖，2014年荣获安徽省职业院校技能大赛高职组市场营销技能一等奖，2014年荣获全国职业院校技能大赛高职组市场营销技能一等奖，2014年荣获国家励志奖学金。

朱伟平2015年7月已经从安徽工商职业学院毕业。在过去的大学生活里，她始终要求自己保持着积极向上的心态，时时以一个优秀大学生的标准来要求自己。与此同时，她也在妥善处理学习和实践两者之间的关系，成为一个全面发展的大学生。

在思想政治方面，积极向上，热爱祖国，热爱中国共产党，拥护中国共产党的领导，积极响应中国共产主义青年的号召。在大学的第一学期，她就主动递交了入党申请书，并参加党校学习，因表现突出，她光荣地成为了2012级第一批预备党员中的一员。在党校学习以及预备期的时间里，她认真学习“三个代表”、科学发展观等重要思想，用理论知识来武装自己。通过学习，她深刻地体会到党员所肩负的重责，成为一名党员，就要时刻本着“全心全意为人民群众服务”的宗旨，在最危急的时刻挺身而出，对社会上不良的行为要敢于批评和改正，以自己的实际行动来证明自己，树立党员的光辉形象，发挥党员的先锋模范作用，使自己不仅在思想上积极入党，在行动上更积极地向党组织靠拢。

“纸上得来终觉浅，绝知此事要躬行。”在学习理论知识的同时，她也积极利用空余时间投身到社会实践学习中去。

在技能竞赛方面，她参加的营销比赛主要是软件操作，4人一组，全省赛是模拟经营一个公司，3年经营，利润得分最高者获胜。国家赛在此基础上增加网络营销项目。在模拟经营项目，4人分别担任CEO、财务总监、生产总监、销售总监，从最初的选择产品，厂房生产线的购买到最终完成产品销售，要求她们每一个队员对自己的定位要准确，各司其职。在这个模拟地方市场环境中，市场千变万化，对竞争对手可能出现的每一个策略CEO要充分考虑，有效应对。

勤能补拙。她们采用了运动员的训练模式，“从难、从严、从实战和大运动量”的训练模式，每天从早上7点40到晚上10点半必须训练，通过高强度训练，分析尽可能多的企业风险变化以及意外情况，同时提出解决措施。

荣誉的获得是所有人可以见证的，但是思想的成长只有自己才知道。市场营销比赛，从最初简单的参加，到最后真正的参与，这中间点点滴滴，让她成长很多，成熟很多。经历过高考来到同一所学校站在同一起跑线的她们，都想要借助这个机会来证明自己，从海选到初选到复选，竞争一直存在，队员越来越少，她时时刻刻绷紧心里的那根弦，努力努力再努力。比赛结束，她用“好高骛远”这样的贬义词来形容省赛前的自己。省赛没有拿到理想的成绩，虽然失败，但通过之后不断的苦练，老师的关心鼓励，她们终于拿到了国赛的参赛资格。随之而来的国赛，她们不负众望以满分的好成绩拿到了全国一等奖。参加国赛时，她们的4名队员都是女生，作为队伍的核心，她也有过彷徨，但是在比赛的高压下她不能让她的队友再接受任何的负面情绪，每一个人每一次问她是不是确定、能不能行的时候，她的回答都是肯定的。

比赛结束，有人问她们怎么可以拿到好成绩，她的回答是，来参加比赛的队伍很多，或许她们不是最努力的，或许她们不是最优秀的，但她们是最团结的。团结是她在比赛中最大的收获。真的是彼此间的充分了解加之满满的信任。

梦想还是要有的，万一实现了呢。这是当下很多同龄人挂在嘴边的一句话，但她却经历了梦想照进现实，所以她更愿意去相信努力就有收获。很多人回首大学，总觉得有千言万语但是又无事可说，但她不会，她有拼搏与奋斗过的痕迹，有见证她成长以及一起成长的老师和队友；也有很多人说，回首往昔，只有高三的岁月过的最有目标最不迷茫，但她不是，她在比赛中那么坚定地努力了。友谊说出来就是两个字，但每一段友谊后面她都有一段故事，一段经历，一些扶持与一些帮助。比赛中，不仅收获了来自同一学校不同专业的友谊，也收获了不同省份不同学校之间的友谊，而她们的眼界也从安徽合肥看到了更远的地方。

骆 鹏

安徽机电职业技术学院

骆鹏，男，1994年生，安徽机电职业技术学院电气自动化专业2013级大专生。2014年获安徽省职业技能大赛智能电子项目二等奖、安徽TI杯大学生电子设计竞赛一等奖；2015年获芜湖市科技创新创业大赛一等奖。2015年，他制作了一台三角洲并联臂结构的3D打印机，定位精度达到0.01毫米，打印精度达到0.1毫米，通过三角函数解算运动坐标，三轴联动，有效提高了打印速度。通过自己发明的3D打印平台，他先后设计制作了三轴电子陀螺仪摄影稳定器、变形四旋翼飞行器和17自由度仿生机器人。2015年，成立云翼科技，主要销售航拍飞行器、青少年科普教育机器人、航模器材、3D打印服务，凭借持续创新，与多家无人机公司和传媒公司建立了合作关系。

2013年，他来到安徽机电职业技术学院，就读于电气自动化专业。从小他就热爱科技，上初中时，是一名无线电爱好者，高中迷上了航模。到了大学，他积极参加社团活动，加入电子协会，进入创新工作室学习智能电子技术，大一参加了安徽省职业技能大赛获得智能电子项目二等奖，大二的时候参加安徽TI杯大学生电子设计竞赛获得一等奖。在大学期间，遇上了一群和他一样热爱蓝天、热爱飞翔、热爱科技的小伙伴。

2014年，他参加了安徽省职业技能大赛智能电子项目。他以ARM为主控核心，开发了智能家居控制系统。该系统使用一颗32位的ARM处理器，并设有一块液晶触屏的用户操作界面，运行嵌入式系统。通过这个系统实现了液晶屏触摸控制室内照明灯的亮灭、温度监测、空气湿度检测、厨房烟雾报警等功能。同年，他又带着一套高精度超声波测距系统参加了全国大学生电子设计竞赛，该系统配置有一块液晶屏来显示测量距离，其测量精度达毫米级，有效距离10m。该测距平台内置高精度数字温度传感器并通过实时温度补偿算法，克服了超声波在空气中传播速度受空气温度和气压影响而导致测距精度降低的问题。骆鹏同学戒骄戒躁，不断努力创新，2014年又设计出了一款智能稳定托盘器，使用角速度传感器检测运动姿态，结合加速计权重运算。用户在手持该托盘器行走的过程中，无论身体如何摇晃，该智能托盘器的中心板始终处于水平位置，以保证托盘中心架上的物体不会因为晃动而翻掉。该产品外框架使用了碳纤维材料，既保证了强度，又降低了重量，活动转轴使用6061铝合金制成，保证了足够的强度，运动部分使用直流减速电机控制，提高了扭力也易于控制。该创新成果适用于贵重物体或液体的搬运，可以有效地减少损失。

骆鹏在创新的道路上从未止步，也坚信技术的进步需要创新。2015年，他制作了一台三角洲并联臂结构的3D打印机。该3D打印机定位精度达到了0.01毫米，打印精度精确到0.1毫米。通过三角函数解算运动坐标，三个轴联动，实现了喷嘴的高速移动，远端挤出机通过铁氟龙管，将料送入喷嘴，降低了效应器的重量，提高了打印速度。通过这个3D打印平台，他先后设计制作了三轴电子陀螺仪摄影稳定器、变形四旋翼飞行器以及17自由度仿生机器人。他对无人机的研究也从未停止，努力创新解决技术难题，同年，设计出了追踪式两栖无人机。该无人机可以在水面降落，将图像传感器伸入水下，采集水下影像，并实时同步传输到计算机，可用于水下鱼群的追踪定位、河床勘探、水质检测等。该无人机能够持续飞行20min并负载1kg设备，还可以在雨天飞行。此外还配备了追踪功能，用户只要将手机通过蓝牙连接到中转器上，设置好追踪高度和距离后，飞行器可以自动追踪用户并拍摄录像，让它可以适用于极限运动中的跟拍。

骆鹏深知创新成果如果能够转化为市场成果，被消费者认可，将会给他的创新工作带来持续的动力。他改变了思路，和团队成员商量，想办法让同学们喜欢并使用他们的设计发明。在学院指导老师的帮助下，骆鹏和他的小伙伴们成立了云翼科技团队。团队成立之初，遇到了不少困难，在老师的帮助与学校的支持下，云翼科技还成功入驻安徽机电职业技术学院省级大学生创业孵化基地。他正式踏上了创业的道路。很快，他意识到这个新兴市场发展很快，必须要坚持不断创新才能走在最前端。他通过市场调研判断，未来小型民用飞行器将会很有市场，特别是用来做航拍、测绘、空中侦查、火场观察、路况侦查、生命探索、电缆巡线、农场监测的无人飞行器。他的团队果断确定了发展方向，开始做无人机开发、销售和应用。创新促进创业，他的团队夜以继日地工作，成功开发了几款适合市场的长航时四旋翼航拍飞行器后，开始向传媒公司推销航拍飞行器并洽谈航拍业务合作。2015年1月，云翼科技的淘宝店正式上线，主要销售航拍飞行器、青少年科普教育机器人、航模器材、3D打印服务。同时，云翼科技公司凭借持续创新与多家无人机公司和传媒公司建立了合作关系。

在创业初期，缺乏资金，缺乏人脉，缺乏资源，骆鹏团队十分重视宝贵的竞赛机会，他带着团队小伙伴们先后参加了第九届安徽省大学生创业大赛、芜湖市科技创新创业大赛、皖江青年创业大赛等，努力扩大团队的影响力。2015年，他的团队获得了芜湖市科技创新创业大赛一等奖10万元奖励。有了这些资金，他们加快了创新的步伐，大力开发新的产品投入市场。2015年5月，云翼科技创新青少年培训班在“跟谁学”教育机构平台正式上线，现在云翼科技创新培训班已拥有7名老师，主要业务涉及青少年航模培训、机器人培训等。

云翼科技成立一年的时间里就取得了巨大的发展，他常说：“创新创业能成功与学校提供的这么好的创新创业平台，以及芜湖市的创新创业政策支持分不开，机电精神就应当是创新+实践，感谢学院老师们提供的帮助。”他坚信，云翼科技会越走越好，因为只要不断创新，未来是无所不能的。

杨 杰

安徽机电职业技术学院

杨杰，男，1988年生，安徽机电职业技术学院数控工程系工业设计专业2011级大专生。曾荣获个人2项国家实用新型专利、1项国家发明专利授权，“智能型多功能电动轮椅项目”获得安徽机电职业技术学院大学生专利大赛的实用新型专利的一等奖。还曾获第九届全国“发明杯”高职组一等奖、全国工业设计大赛安徽赛区一等奖。

从入学起，杨杰就刻苦学习专业知识，广泛涉猎课外科技知识，积极参与科技创新项目，取得了丰硕的成果。他研发的“道路LED行人护墙”“智能型多功能电动轮椅”获得国家知识产权局的发明和实用新型2项专利授权，其中“道路LED行人护墙”项目被国家发改委确定为“2012年度重点宣传推广的项目”。另外还有“AB杯项目”“红外电动剃须刀”“智能型声控垃圾桶”“一种热熔型切割装置”等4项专利正在积极申报中。

杨杰同学在校期间积极参与各项创新大赛。在专业指导教师的悉心帮助下，收获了安徽省第五届“挑战杯”课外学术科技作品竞赛二等奖、芜湖市首届大学专利大赛二等奖、芜湖市科技创业优胜项目并获专项资金补助10万元等。这些荣誉的取得是他立足专业、践行创新的结果。

杨杰研发的第一个产品就是“道路LED行人护墙”。通过调研，他发现随着经济发展，汽车数量的激增给城市道路交通安全带来了很大的压力，且交通事故也呈上升趋势，现有的道路交通格局已不能满足现在的需要。杨杰从此获得灵感，决定研发“道路LED行人护墙”。这一项目打破了传统交通格局，使现有的道路交通资源被更好地利用，一定程度上缓解行人和车之间的矛盾并具有环保的特点。具体做法是：在四岔路口的四周各竖立一根圆形立柱，用于支撑在机动车道红绿灯下方所采用液压升降装置的两块LED显示屏和斑马线上的行人通道上方设立的两块LED显示屏。当机动车道的红灯亮时，机动车道上的两块LED屏幕将会落下在离地面1m时停止，人行道上的LED屏幕将会同步抬升，此时车辆停于机动车道的LED屏幕前，行人安全通过斑马线；同理，在机动车道绿灯亮时机动车道两块LED屏幕与斑马线上的两块LED屏幕将会做与之前相反的运动，这样才能真正做到人车分流，安全行驶。同时LED大屏幕显示系统也能做一些公益广告和商业信息的发布，在实现一定商业价值的同时也确保了“道路LED行人护墙”每年所产生一定的维修经费的来源。在LED屏幕的自重、车辆探测、行人探测、人流量分析、紧急停止、手动应急升降、交通控制中心对“道路LED行人护墙”的远程控制等方面，杨杰做了大量充分的计算机数据模拟测试，以及工程力学、材料分析的实验和计算，充分验证了该项目在安全方面的可靠性和良好的可行性。世界上没有任何一篇学术论文和报纸杂志报道过类似项目或有类似产品的相关专利，该项目已顺利获得国家知识产权局的发明专利和实用新型专利授权。

在杨杰身上，我们可以看到他创新的步伐从未止步，他的第二个创新项目“智能型多功能电动轮椅”诞生了。杨杰在生活中发现许多残疾人虽然已经用上了传统的人力或电动轮椅，但他们的日常生活仍有诸多不便：如在家时拿不到衣柜等高处的物品，没有保姆在家时不能独自安全地上床休息等。基于此，杨杰研发出来的“智能型多功能电动轮椅”采用了储电量大、行驶里程长的高效能锂电池，通过万向遥感技术实现前进后退，最高安全时速每小时10 km，配有倒车影像，同时配置了液压升降装置，最高抬升的安全高度为1 m，座椅下方配有电动开合的便槽，同时配备平躺和扶手独立升降、辅助平滑上床的功能，底盘拥有自主适应爬坡角度的可调底盘，可以在任何角度的坡上实现座椅0仰角，保障了使用者的安全，该项目也已获得国家知识产权局的专利授权和保护。

这2项发明在研制过程中都遇到了技术难题和资金的短缺。在安徽机电技术学院老师们的指导下，经过一年多不懈努力，杨杰的两个创意最终变成了产品。他也带着研发成果顺利入驻了芜湖市弋江机电科技园，走上了创业道路。

杨杰同学在掌握自主知识产权和专利的前提下注册了芜湖巨能百利网络科技有限公司。俗话说，在校大学生创业有“三缺”——缺资金、缺经验、缺人脉。杨杰团队十分重视宝贵的竞赛机会，他带着团队小伙伴们先后参加了各级各类创新创业大赛，荣获了芜湖市青年创业大赛冠军、芜湖市年度经济人物暨芜湖市创业富民先进典型人物、“创青春”安徽省大学生创业大赛银奖等一系列奖项，拓宽了视野，展示了自己，并收获了香港瑞银宏富投资公司的投资协议。他的创新努力顺利帮助他在创业道路上越走越远。《中国日报》、人民网、新华网等中央媒体及多家地方媒体也对他的创新创业先进事迹进行了报道。

怀揣着“中国智造”梦想，杨杰同学从未停下过脚步。他坚信“创新是创业的动力，创业是创新的翅膀”，他先后吸引百余名有意走创新创业道路的在校大学生到公司实习轮训，并为家庭经济困难学生提供勤工俭学机会。一路奋斗、一路感恩、一路收获，他将在未来的旅途上继续努力追求，不断创新！

魏　亮

安徽科技贸易学校

魏亮，男，1994年生，安徽科技贸易学校粮油储检专业2011级中专生。2013年获第三届全国粮食行业职业技能竞赛一等奖。

魏亮在校期间综合表现良好，尊敬师长，团结同学，担任班干部期间能很好地完成各项工作。在班主任及专业老师的教导下，学习认真刻苦，对专业理论和实操技能积极钻研，专业素质良好。2013年参加第三届全国粮食行业职业技能竞赛学生组比赛，荣获一等奖，为学校和安徽省代表队争得了荣誉。

魏亮同学在没有到我校就读之前经历了一个低迷的阶段，曾辗转在江西、上海等地打工，但因无一技之长而四处碰壁，最终他毅然选择了继续学习，充实自己。通过朋友的介绍，他来到安徽科技贸易学校。他曾说过，“这可以说是改变我一生的母校，犹如母亲一样，抚育我成长，毫无保留地传授我知识和技能，给我一个平台，让我能够展现自己！”他报了粮食工程专业，从入校到毕业，十分珍惜这次难得的学习机会，认真听每一堂课，尽可能多地汲取知识。

孙京玲老师是他的指导老师，魏亮说，“她，一位普通的女教师，温柔严谨慈爱，如同母亲一般照顾着我们，毫无保留地教我们保管专业的害虫防治学，是她给了我参加第三届全国粮食行业职业技能竞赛学生组比赛的勇气和信心，我感谢她！其实当时我根本没弄明白什么是职业技能竞赛，但我看到老师那开心的笑容，我就知道，我要加倍努力地学习。后来我又认真学习了赵红老师教的粮油储藏学、王振乾老师教的谷物概论、刘春平老师教的粮油品检、徐爱霞老师教的分析化学，还有我们的总指导——系主任李学强老师的课；这些老师对待我们就像对待自己的孩子一样，毫无保留，从这些老师身上我不仅学到了很多知识，也让我自身得到了充实，品质得到了提高，尤其是灵魂得到了升华，让我不再是那个像孩子一样的天真少年！”

学校集训是从2013年的正月初七开始的，至五月二十四日奔赴南京财经大学仙林校区进行第三届全国粮食行业职业技能竞赛，整整近半年的付出与努力，其中学生们陆续经历了蚌埠市大赛、安徽省大赛以及全国大赛的一、二、三期选拔赛，那可真是强强选拔，一层一层地进行淘汰、筛选，能够进入最后决赛的不仅要有过人的技能、操作技术，还要有常人难以想象的毅力以及艰苦奋斗、努力拼搏、积极向上的精神！在安徽省大赛上魏亮同学因一次重大失误与前二无缘，那段时间他心情特别低落，幸好有导师们为他开导，给他鼓励，让他重拾了信心！安徽省大赛结束后，只经过了短暂的几天休整就进入了最后的全国大赛选拔赛，选拔赛共分为三个阶段，每一个阶段都要淘汰一部分人，时间的紧迫、训练的艰辛丝毫没能动摇魏亮冲第一的必胜信心。白天实操训练，晚上复习理论，利用一切能利用的时间争分夺秒，短短一个月集训，对他来说收获是巨大的。首先自身的操作技能、理论知识都得到了很大的提高，然后就是身体素质的提升，尤其是个人的精神、状态都和训练前不一样了，这也是为什么该校学生能在全国粮食行业职业技能大赛上取得好成绩的原因。

参加国赛与参加省赛有质的不同，经过最后的选拔，最终确定了入选全国大赛决赛的名单，学生组最后剩下4个人，其中保管组2人，检验组2人。选拔赛肯定是有落选的，但是学生们坚定的眼神感染了我们每位老师。

比赛结束了，魏亮同学一遍遍地说：“我要感谢我的三位恩师：孙京玲老师、赵红老师、李学强老师。他们不仅教给了我知识，还帮我发现自身的缺点，教我做人的道理，给我信心！我在他们眼中就像是自己的孩子一样，可是他们在我眼里又何尝不是如父母般那样的亲切啊！还有学校诸位领导的支持，是你们给我生活上的照顾，让我全身心地投入到训练中去！”比赛的获奖只是魏亮生命中的一个亮点和插曲，走上工作岗位的他现在在合肥市粮食局第二仓库从事仓储保管工作，一如既往地努力工作、认真学习，能吃苦、爱钻研，夏季收粮中，他严格要求，兢兢业业保证粮食入仓质量关，为后期的安全储存奠定基础。到达单位几个月后就作为单位推选的优秀代表参加了合肥粮院的培训班，并获得优秀学员称号。工作中还多次参加安徽粮食大普查及中晚籼稻会检，工作受到领导及同事一致好评。路漫漫其修远兮，吾将上下而求索。自魏亮同学入校以来，他一直是这样要求自己的，相信通过努力他会迎来属于自己更灿烂的明天。

吴　忌

休宁一职高

吴忌，男，1996年生，休宁县第一高级职业中学木材加工专业2012级中专生。曾获得全国第三届高职高校木作技艺竞赛第一名，第二届世界青年家具现场制作邀请赛优秀工艺奖。

吴忌，一个不一样的名字，给人留下了至深至美的印象。他先后两次登上了重量级比赛的最高奖台。一次是2013年10月在福建仙游，他以绝对的优势拿下第三届全国高职高校木作技艺竞赛的冠军；一次是2014年3月在土耳其的伊斯坦布尔，吴忌在第二届世界青年家具现场制作邀请赛上以出色的表现获得了优秀工艺奖。

吴忌生长在安徽休宁偏僻农村，父母都是老实的农民，他从小就喜欢动手，他的理想就是做个新时代的好木工，以自己的创新设计和精美作品创造价值。适逢家乡的职业学校有个名气不小的木工专业，2012年9月，初中毕业成绩一般的吴忌毅然选择了休宁县第一高级职业中学木工班，开始了木工学习。

到了木工班，他如鱼得水，开始努力学习。在实训车间里，他很少说笑，总是在集中精力思考手中木工活，每每遇到有不懂的问题，他都仔细向师傅请教，教他手艺的是一位年近60岁的老师傅。在第一学期，他就打下了良好的木工基础，熟练地掌握了一些木工基本功。第二学期开始，吴忌和其他同学一样，开始制作一些木制品。吴忌和许多同学不一样的是，他的作品总是做得特别讲究，面子光滑，结构匀称。在每个学期木工技艺考核中，他一直是名列前茅。

创新是一种动力。吴忌到木工班学习很幸运，遇上了一位从黄山学院毕业的美术设计老师，这位老师教吴忌的家具设计课。吴忌认真学习了传统家具的构图，学习欣赏古典家具，尝试着把学到的制图设计的本领运用到实践中去。

2014年3月下旬，学校收到了国际木文化学会的邀请，派一名木工班学生到福建仙游参加第三届全国高职高校木作技艺竞赛。吴忌到达福建仙游，和他一起参加竞赛的其他选手都是来自全国十几所高职高校的优秀大学生，吴忌是唯一的中职生。比赛时间是三天，完成制作幼儿园学生用的一套连体桌椅。吴忌到了比赛场地，发现比赛用的工作台不适合自己，在征得比赛组委会的同意下，吴忌对比赛工作台和其他工具进行了调整和创新，这为他以后几天的比赛打下了基础。在比赛的时间里，吴忌对组委会要求制作的作品有了很好的理解和把握，在制作工艺上进行了独到的创新，在连接幼儿园桌椅过程中，没有使用一枚铁钉，用的全部是榫卯结构，这样既牢固又环保。吴忌不但手艺非常好，而且速度快，其他大学生选手都是用了近三天的时间完成了比赛，吴忌只用了一天半的时间就完成了。

吴忌在这次比赛中获得了第一名的好成绩，国际木文化学会2015年初发函指定吴忌赴土耳其伊斯坦布尔参加第二届世界青年家具现场制作邀请赛，吴忌很自信地接受了邀请。这次比赛要求选手自己自行设计一件普通家具，并说出设计的理由。吴忌创新性地设计了一把餐椅，对椅面和椅背进行了创新，既美观大方，又有很有质感。他一改椅面平坦的单调做法，以合角的结构制作椅面，同时又把椅面的中间部分和四周框架各自独立，有传统工艺的味道。他对椅背的弧度进行了精心的考虑，让坐在椅子上的人背部和椅背十分契合。评委们对吴忌的工艺和设计称赞有加，说吴忌“设计有新意，工艺颇讲究”。吴忌因此获得了最高奖项“优秀工艺奖”。载誉归来后，当地的媒体争相采访他。

创新无处不在。学校里学习要创新，企业里工作要创新。他现在在一家美资木结构建造公司学习洋楼建造的技术，他把在学校学到的基本功用到实际工作中去。他接触了建造主体、安装地板、安装窗户等工作，相信他以后的路会越来越宽。